老《ろう》に学ぶ

今に生きる者たちへ

もくじ

者に学ぶ

清水　克衛

――いまこそ、耆に学べ

清水 克衛

しみず かつよし

書店「読書のすすめ」代表、逆のものさし講主宰、NPO法人読書普及協会顧問。1961（昭和36）年東京生まれ。大学在学中、たまたま暇つぶしのために読んだ司馬遼太郎『竜馬がゆく』第5巻との出会いがきっかけで、突如読書に目覚めるとともに、商人を志す。大手コンビニエンスストアの店長を10年務めたのち、平成7年に東京都江戸川区篠崎で小さな書店を開業。「10年や20年前の本でも、大正時代に書かれた本であっても、その人が初めて読む本はすべて新刊」という信条のもと、常識にとらわれない知恵と情熱で商いを続けた結果、全国からお客さんが訪れる繁盛店となる。著書に、『「ブッダを読む人」は、なぜ繁盛してしまうのか。』『非常識な読書のすすめ』（以上、現代書林）、『5%の人』『他助論』（以上、サンマーク出版）、『魂の燃焼へ』（執行草舟氏との共著、イースト・プレス）、『魂の読書』（育鵬社）など、多数。

公式ブログ「清水克衛の日々是好日」

http://ameblo.jp/dokusume/

いまこそ、耆に学べ

「耆」という漢字を知っていますか？

「キ」や「シ」と読み、「おいる」「老人」といった意味があるようです。

伊與田覺さんの『「人に長たる者」の人間学ｰ修己治人の書『論語』に学ぶ』（致知出版社）という本がありまして、それを読んでいたときにこの漢字に出会ってしまいました。

「老」に「旨」と書いて「耆」。うまいですよね。

初めて見た瞬間は「そうだ！」と、思わず真っ赤になるぐらい膝を打ったほどです。

老というと最近ではすっかり良くないイメージが付いてしまっていますね。「老害」とか「老醜」なんていう言葉もありますが、とにかく、弱い、醜い、厄介者といったレッテルを貼られてしまっています。

ところが本来、老は「知恵者」であるとか「徳の高い人」という意味なんです。江戸時代には「老中」とか「大老」とか「家老」とか、ものすごく高い地位の人を呼ぶのにこの漢字を使っていました。

経験に裏打ちされたうまい知恵がある。その知恵で人が進むべき道を示してくれる。それが「老」であり、「耆」なんです。

「耆老《きろう》」という言葉がありますが、これなんてまさに「徳の高い老人」という意味です。

この頃は「アンチエイジング」だなんていう言葉もあるそうですが、それじゃあまるで、まったく自分を高めたくないみたいじゃないですか。

日本はこれから超高齢化社会になります。少子高齢化は大きな社会問題になっています。

だが、待てよ。

逆から考えたら、これってものすごいチャンスですよね。

若い人たちは知恵者である年長者に囲まれるんです。学ぶ機会がどんどん増えます。

そう考えたときにこの本のアイデアが直観されました。

『暮しの手帖』を創刊した花森安治さん（注1）がその著書の中で次のようなことを言っています。

「日頃から、ぼくにどうしてもわからないのは、大臣みたいなものになりたがる人間の気持ちと、シワを気にする女の人の気持です。

そこいらの男にきいてごらんなさい。

あなたの目尻のシワなんて、気にしている奴は、一人もいませんよ。

気にするなら、シワでなくて、

目じゃありませんか」

人間は逆立ちしたって、必ず老いるのです。当たり前のことです。

ところが多くの方はそれを考えたくないのか、忘れちゃっているのか。

そのどちらかに見えてしまいます。しっかりと、そのことを意識したとき、老害と呼ばれるような生き様は嫌ですよね。シワよりも今から気にしなくてはいけないのは、目です。「心眼」と言われるような眼を持つことにこだわらなきゃ生きている意味がありません。

注1
花森 安治　はなもり やすじ
一九一一年～一九八七年。日本の編集者、グラフィックデザイナー、ジャーナリスト、コピーライター。生活雑誌『暮しの手帖』の創刊者として、その名を知られる。

『耆に学ぶ』

そう。いまこそ、耆に学ぶときです。
この本は、人生の革命ともなり、読書体験の革命ともなることでしょう。

自分の中の「正」を壊せ

私は中学生の頃に父親を病気で亡くし、高校時代は茶人の吉田晋彩先生の家に下宿させてもらいました。そのご縁で現在もおつきあいをさせてもらっていますが、晋彩先生とお話をしていると、ときどきおっしゃっている意味が分からないことがあります。そうしてしばらく経ってから何かのきっかけで、「あぁ、そういう意味だったのか」と気がつくのです。

ときに、晋彩先生は私の考えとはまったく逆のことをおっしゃいます。自分が正しいと思っていたことを完全に否定されます。

でも、それに対して反論ができないんですね。圧倒的な真理で語られるから反論のスキがない。薄っぺらい私なんていつも見透かされちゃっているんです。

『魂の燃焼へ』で対談をさせていただいた執行草舟先生もやはりそうです。話しているとガツンと頭を殴られるような衝撃を受けることばかりです。

執行先生は戦後の昭和二五年のお生まれですが、ものすごい読書量に裏打ちされた広範な知識を持っている、まさに知恵者です。

私たちは、こういう人たちを手本にしなければいけません。本を読み、年長者の話を聞いていると、私たち戦後生まれが受けてきた教育、戦後教育というのがものすごく間違っていることに気がつきます。日本人が大切にしてきたもの、日本人の芯と呼ぶべきもの。それを私たちが失ってしまっているとすれば、その原因は戦後教育にあるんです。

昔から世代間ギャップというものはありました。いつの時代も、世代が違えば考え方にも相違がありました。「最近の若いやつは……」なんていう言葉は時代を超えて繰り返されてきたはずです。

けれども、日本人としての芯みたいなものはあって、それは世代を超えてもぶれることはなかった。お墓参りをするとか、家の中に神棚があるとか、どんなに世代間のギャップがあってもそういう部分は守られていたのです。それが戦後教育でメチャクチャになりました。

私たちの「当たり前」は、ひょっとすると当たり前じゃないのかもしれません。自分が正しいと思っていることを疑ってみましょう。勘違いしたまんまの横野郎から抜け出すためには、あなたが持ち続けてきた「正しさ」をとことん破壊してくれる人が必要です。

おっかない人を遠ざけるな

自分が正しいと思うことを否定されるのはイヤなものです。

でも、この頃は「違う」と言ってもらえることをありがたいと思うようになりました。言われた瞬間はムッとくるんですよ。だけど、必ずといっていいほど、あとになって「あぁ。そうだったのか」となる。本当にありがたいことなんです。

「読書のすすめ」を始める前、私は大手コンビニの店長をやっていました。当時その会社にとてもおっかない先輩がいて、何かっていうとすぐに私を殴るんです。

一度、クリスマスのときに、いまのかみさんとデートをしました。結婚前の話です。会社に休暇届を出し、それはちゃんと受理されたので安心していると、おっかない先輩から呼び出しを受けました。で、やっぱり髪の毛を掴まれて、殴られたんです。そのときは「なんて理不尽なんだ。有給休暇は当然の権利なのに」と腹が立って仕方なかったんですが、いまになって思えばありがたかったなと思います。あのとき殴られていなかったら、ずっと勘違いしたままくだらない人間になっていたはずです。

初めて車を買ったときのこと。当時、トヨタのソアラが流行っていて、自分もソアラを買おうとしたんです。そうしたら例のおっかない先輩から「おまえ、何考えているんだ！」と怒鳴られました。「え？　なんで？」と思うわけです。「自分が働いて稼いだお金で買うんだから、何を買っても自由だろ」って。

結局、先輩が選んだのはカローラでした。クーラーも付いてない、カセットテープもかけられない、カローラでした。自分はしぶしぶそれを買いました。でもね。いま思えば、本当にありがたいと思うんです。当時の私にとってソアラは分不相応でした。ただかっこつけたかっただけなんです。それをちゃんと見透かされていました。

耳の痛い話をしてくれる人を遠ざけてはいけません。

嫌われると分かっていても言ってくれる。そういう大人が、この頃少なくなったと思いませんか。

「分からない」に立ち向かえ

何しろよくないのが最近の心理学です。

小数点がないんですね。すべて整数に収めようとしたがる。

何でもかんでも分類する。人間をパターンに分けて、とにかく分かりやすくしちゃう。

仮にその分類が一〇〇万種類あるなら少しは納得しますが、せいぜい一〇〇種類ぐらいなものでしょ。人間ってそんなに単純ではありません。一度分類をすると、それで満足して終わってしまうんです。発展性がありません。

分類が大好きなのは心理学だけではありません。何でもかんでも分類して、自分が理解しやすいようにする。料理もマニュアルにしちゃう。

一流の板前に「おいしい料理を作るにはどうしたらいいですか?」と聞いたとしても、本当に核となる部分は、言葉では表現できません。「バカヤローあっち行ってろ!」と言われるのがオチです。言葉にならないことが、本当のことじゃないか。最近、そう思うんです。

哲学者西田幾多郎さんの著書が難解なのは、西田さんが言葉の限界を知っているからなんです。そこに気づくと、本というのは分かろうとするものではなく、感じるものなんだって、改めて思います。

鈴木大拙さんは「自由」を説明するのに人間の肘を使います。肘が外に曲がらないのは不自由だけれど、曲がらなくてもいい。不自由が自由なんだ。……ね。

分からないでしょ。でもこれは、鈴木大拙さんが言葉の限界を知っていて、自由を表現するにはこうするよりほかなかったんです。

昔の言葉はパッケージなんです。

たとえば「無」という言葉を一つとっても、その周りにはいろいろな意味やものごとがくっついていて、その一語で百科事典が何百冊もできるぐらいの情報量がパッケージになっています。

そうなるともう、「分かる」じゃなくて「感じる」しかないんです。

昔の人はそうやってパッケージで言葉をとらえていました。「桜」と聞けば、その言葉が内包する季節感とか、情緒とか、死生観といったものを一瞬で感じ取ったでしょう。

でもわれわれは、「桜」と聞いてもせいぜいその花を想像できる程度で、お花見で酔っ払って失敗しちゃったことを思い出して顔が真っ赤になるぐらいです。

だから松尾芭蕉を読んでも、何も感じることができません。

差別用語の言葉狩りもいけない。

最近は盲《めくら》も、唖《おし》も、跛《びっこ》もひっくるめて「障がい者」と呼ぶようです。

跛と聞けば「あぁ、大変だろうな。子どもの頃は虐めもあったかもしれない」なんていうイメージが湧くものですが、「障がい者」という言葉で括ってしまったらパッケージもなにもありません。

言葉ッ面しか分からない。フェイスブックと同じ、「いいね！」で終わりです。

感性を磨け

言葉の裏側に広がる世界を一瞬で感じ取るのが日本人でした。それがいつのまに、こんなにも貧しくなってしまったのでしょう。

何が貧しいかといって、感性が貧しい。

とにかく現代人には感性が足りないのです。

日本は、感性を育てるという意味では特に恵まれた自然条件にありました。山があり、川があり、海があり、四季があり、色とりどりの花が咲き、たくさんの動物が生き、人びとは日々の営みの中で感じる力を養ってきました。

しかしそれはどんどん失われました。

顕著なのが読書です。昔の本を開くと、いまに比べて明らかに難しいですよね。でも、昔の人はそういう難しい本を一生懸命読んでいました。

明治時代や大正時代に書かれた、われわれが文学と呼んでいる作品も、当時の人にとっては娯楽ですからね。パチンコやゲームと同じですよ。読書というのはそうではなく、知に触れ、真理や原則を学ぶ。それが本当の読書だったわけです。

おそらく昔の人もよく分からなかったと思いますよ。論理的には。でも、感性でとらえていたんです。本というのは、本来そういうものだったんだと最近考えるようになりました。分からないままでいいんです。

執行先生も、いまでは使われないような古い英語で書かれた海外の原書を読んだりするそうですが、当然意味としては分からないわけですよ。それを語感で呑み込んでしまう。まさに感性の読書です。

分からないけれども挑戦する。昔の人にはそういう気概がありました。理解の極限を乗り越えてやろうというわけですから、読書に対する覚悟が違います。

喜多川泰さんの著書『書斎の鍵』の中に「ブックルネッサンス」という言葉が出てきます。私はよく精神的復古という言葉を使いますが、この二つの言葉に共時性を感じます。この本もぜひ読んでみてください。

これから日本や世界、そして私たちのライフスタイルは時代に激変を迫られます。特に日本人はその歴史上、初めて人口が減るのです。新しい価値観を直観しなければ日本民族滅亡です。そんな時代に読書をしないでいいわけがありません。

しかし、直観に巡り合える読書はされていません。ですから、読書する人間は変わり者扱いされてしまうかもしれません。でも、ここは勇気をもって本を読んで、もっと変人になりましょう。

ところが直観を呼び込む本を人に薦めると、次には必ずといっていいほど「この本、難しくないですか?」と聞かれます。難しいと見えた時点で拒絶しちゃうんです。

難しい本は売れないから書店は分かりやすい本ばかりを売る。難しい本を作っても売れないから出版社は分かりやすい本ばかりを作る。その結果、「幸せになるための48の方法」なんていう本が次から次に出てくる。

もう、やめにしませんか。

本の読み方を変えましょう。分かろうとするのではなく掴み取る読書です。直観の読書です。書いた人の思いや本心を掴んでグッと肚に落とし込む感性の読書です。

分からない本を読むのは時間のムダでしょうか。そうではありません。

分からないものを脳に入れたとき、左脳は「あ。分かんないな」で終わっちゃいますが、右脳はずっと演算を続けているそうです。そうして答を探し続けている。分からなかったことが、あるときポン！　と分かることってありますよね。あれなんかはずっと忘れずに演算を続けていた右脳のおかげなんです。

本の読み方を変えましょう。左脳的な理解ではなく、右脳を働かせる感性の読書です。読んですぐには言葉で説明できなくても、パッケージで受け取る読書です。そういう一つひとつの経験によって、失われた感性を取り戻すのです。

無名有力をめざせ

有名になりたいと思ったときがありました。

「もっと影響力を持ちたい。影響力を持って、たくさんの人に私が薦める本を読んでもらいたい。そのためには有名になりたい」なんていうことを、若かった当時、講演でご一緒した佐藤芳直先生に言ったことがありました。そうすると、「清水さん、それは違う」と言われました。そのときは分からなかったけど、あとからだんだん分かってきました。

自分が有名になりたいなんていうやつはインチキです。自分が有名になりたいなんていうやつに、ロクなのはいません。

名をあげるというのは、他人に神輿を担いでもらって結果的にそうなるものです。世間では、テレビに出ている有名人がまさに知恵者のように見えちゃっているけれども、本当に力のある人はテレビには出ないものです。私たちが学ぶべきなのはそういう人たちです。

先日、テレビの取材を受けたときにディレクターに言ってみたんです。「今度、そちらの番組にコメンテーターとして出演させてよ」って。そうしたらディレクターは苦笑いでごまかしていました。

ディレクターの気持ちはよく分かります。

私をコメンテーターとして出したら何を言い出すか分かりません。

たぶん、つまんないことしか言わないと思いますよ。

殺人事件が起きました。普通のコメンテーターだったら、「大変ですね。これは現代社会があって、こうで……これから日本はどうなってしまうんでしょう」という話をするわけです。でも私は、「たいしたことないんじゃないですか？だって戦国時代の方が大変でしたよ」なんて言っちゃう。

健康問題を取り上げますよね。若返るにはこんな驚きの方法があります、というような。コメントを求められたとしても「人間なんて年を取るのが当たり前ですよね。別にいいんじゃないですか?」なんて答えるでしょう。

「五十肩の治し方ですか?　年を取った証しなんだから、もうめいっぱい肩を上げなくたっていいじゃないですか。荷物は若い子に持たせたらいいんです」

まぁ、そんな調子でしょうからね。そうか。やっぱりコメンテーターには呼んでもらえなさそうだな。と自分で納得したんです。

テレビというのはウケることしかやりません。いい加減なことしかいいません。一面的な見方で済ませてしまいます。視聴者が心地よいところをめがけて着地します。

それはそれでいいと思います。そういうことが求められているメディアなんだし。それがテレビ屋さんの仕事ですから。

ただ、本当は違うと思うわけです。無名有力の年長者と話をしているとそのことに気づきます
本書に登場する四人はいずれも無名有力の方ばかりです。

吉田晋彩先生は、テレビに出るのはもちろん、これまで本を出されたこともありません。

執行草舟先生はいつまでもケータイは持たず、つい半年前までホームページさえオープンにしていませんでした。

西田文郎先生も、経営者やスポーツ選手の間ではとても名前の知られた方ですが、テレビの取材は一切お断りしていると聞きます。

寺田一清先生も徹底しています。どんなに私が寺田先生自身のことや寺田先生のご意見を伺っても、自分のことはほとんどお話しになりません。すべて師匠である森信三さんのことだけなんです。森信三さんが亡くなって二十三年経ちますが、その姿勢は少しも変わりません。寺田先生にとって森信三さんは絶対的な存在なんです。こういうのが本当の師弟関係ですよね。

今回声をかけた方々は、それぞれが一途に道を究めようとコツコツと研鑽を積んでいらっしゃいます。

道には終わりがありません。最終到達点がありません。そういう道を求めて努力を続ける求道者です。

執行先生は言います。「未完で終わるのが人生である」と。

いつからでしょうね。日本人が未完を追いかけることをやめてしまったのは。

茶道、華道、書道、柔道……。「道」と付くものには終わりがありません。


うちの店のお客さんに天ぷら職人さんがいます。全国に名前が知られる老舗の厨房を任されている職人さんです。

彼が天ぷらを揚げていたときに、お客さんから「どこで修業したんですか？」なんて聞かれたそうです。そうしたらどう答えたと思いますか？

「いいえ、まだ修業中の身です」

そう答えたんです。かっこいいですね。そんなことなかなか言えません。

しかもかっこつけて言っているわけではないんです。

「素材一つとっても季節によってすべて変わってきます。やってもやってもこれというのはありません。箸を伝う感覚、数秒違えばまったく味が変わってきますから」

行き着くところは感覚。感性の世界です。

無名有力な方の言葉を聞くと、ビックリしちゃいます。ビックリするということは、いかに自分たちがおかしくなっちゃっているのかという証しです。

私たちをビックリさせてくれる人というのは、考えることを放棄した私たちの頭の中の湖に石を投げてくれる人です。

そんな人が近くにいるのは幸せです。そんな人の言葉にふれられるのは最高の贅沢です。

この本は素晴らしく奇跡的な贅沢な本となりました。

テレビなんて観ている時間はありません。電車の中でスマホゲームをやっている場合ではありません。

さぁ、耆に学びましょう。

執行　草舟

――毒を食らえ

執行 草舟

しぎょう　そうしゅう

昭和25年、東京都生まれ。立教大学法学部卒業。実業家、著述家、歌人。独自の生命論に基づく事業を展開。戸嶋靖昌記念館 館長、執行草舟コレクション主宰を務める。蒐集する美術品には、安田靫彦、白隠、東郷平八郎、南天棒、山口長男、平野遼等がある。洋画家戸嶋靖昌とは、深い親交を結び、画伯亡きあと全作品を譲り受け、記念館を設立。その画業を保存、顕彰し、千代田区麹町の展示フロアで公開している。著書に、『生くる』、『友よ』、『根源へ』（以上、講談社）、『魂の燃焼へ』（共著／イースト・プレス）、『見よ銀幕に』（バイオテック）、『孤高のリアリズム―戸嶋靖昌の芸術―』（講談社エディトリアル）等がある。武蔵野美術大学名誉賛助員。日本菌学会終身会員。

老人は、秀れたるものであった

現代社会において、老いの問題というのは、自分らしい人生を歩むためには外すことの出来ない決定的なことの一つと成っています。老いの問題が分からなければ、現代の人生問題はまずほとんど分からないと言っていいでしょう。飽食と美食、自分と家族だけの幸福追求、己れさえよければいい、そういったものが行き着いた先が現代社会の実状です。「幸福な人生を送りたい」というのは、多くの現代人にとっての望みです。たいへん結構なことに見えますが、これはすべてエゴイズムに直結した考え方だと知らなければなりません。まず、そうなる危険しか含んでいない考え方と言えるでしょう。それが分かっていなければならないのです。

自己の幸福追求が、即座にエゴイズムに陥ることを昔の人たちは分かっていました。少なくとも、それは恥ずかしいことだと分かっていたから、公にせず「腹の中」で留めていたのです。ところが今の人たちは臆面もなく、幸福追求を公然と言い出すようになりました。

人間だから、恥ずかしいことを「考えてしまう」のは仕方がないことです。けれども、隠すべきものは隠さなければならないのです。本当の「人格」を有する真の人間は、昔から秘密を持ち、神秘の影が漂っていました。つまり、恥ずべきものを持っていることを、自分自身が知っていたということなのです。現代社会は、隠すべきものを全部曝け出し、それを恬《てん》として恥じない。それが、テレビをはじめとするマスコミによって創り出された文明です。

昔の日本人が恥ずかしくてやらなかったようなことを、今は堂々とやる。そして、それを正直で明るいなどとおだて上げている。特に目に余るのが「老人」です。自ら、現代の貴族である弱者を気取り、あらゆる恩恵を受けながら平然としている。嬉々として旅行したり、うまいものを食べたりして楽しみ、自らの健康と長寿のことばかり気にかけている。そして、それを公言してはばからない。ふざけるなと言いたい。いい年をして、世の中や他人に対して「遠慮」というものがないのかと私は言いたいのです。では、なぜ老人が恥を知らなくなったのかと言えば、それは戦後の文明のあり方に原因があるのです。

「老」というのは、本来は「秀れている」という意味を持つ言葉だったのです。ところが、現代ではそれが「悪いこと」や「劣ったこと」のように扱われている。その背景には、現代が生み出した若者中心の文明があります。若者の文明ということは、つまりはアメリカ的な物質文明です。そこが、精神を重んじていた従来の文明と根本から違うということを、現代人は知らなければなりません。物質だけに価値を置くことによって、若者が秀れていることになってしまったのです。肉体を物質としか見なければ、若者の方が老人よりも秀れているに決まっています。しかし歴史的に、若者が秀れていた時代などはほとんどありません。たとえあったとしても、それは動乱と不幸の時代の象徴だったのです。物質と効率の文明の結末として、すべて「強く」そして「若い」ものが「良い」ということになってしまった。その結果、老いた人間の価値というものを追求しない社会が徐々に出来あがってしまったのです。

そして、恥を捨てただけではなく、自己の幸福と健康長寿だけを追求する、今どきの「年寄り」が出現した。この、今の「年寄り」は本当に始末が悪い。お金と暇を持てあまし、自分が困ると「弱者」になりすます。まさに、付ける薬がなく、手に負えません。社会もまた、老人のあり方を、そのように仕向けてきたということを思い返さなければならない時代が来ているのではないでしょうか。

本当の意味では、老いた人間が豊かな社会を作っていかなければいけないのです。それが経済成長を急ぐあまり、社会的に分からなくなってしまった。

かつては、年寄りに価値があった。昔、長老と呼ばれる人は、単に年を取っているから崇められたのではありません。本当に秀れていたから崇められていたのです。それが、今ではよく分かっていない。今は、すっかり自己のエゴイズムだけに生きる年寄りだらけになってしまった。だから、歴史的に正しい、真の老人のあり方が分からなくなってしまったのです。

若者が最も嫌う説教のひとつが、「年上の人間を尊敬しなさい」という類《たぐ》いの言葉です。でも、これは現代では無理というものです。昔から、無条件に年寄りを尊敬するなどということは、基本的に出来ないことだったのです。弱肉強食の世界では、年寄りなど蹴っ飛ばされる存在に決まっています。しかし、現実的には、年寄りの多くが尊敬されていた。それは、本当に秀れた年寄りが沢山いたということなのです。

かつては年寄りが、知恵を持ち、賢く、強く、若者を助けてくれる存在だった。だから崇められたのです。昔は、科学的に見ても、現実的に考えても、「年寄り」が現に秀れていたのです。

そういう老人になるにはどうしたらいいか。良い老い方をするにはどうしたらいいか。その辺りを考えてみたいのです。

「毒を食らえ」

「毒を食らえ！」。これが、良く老いるための根本思想だと私は思っています。そしてまた、私自身が今日まで生きてくるための根本思想でもあったのです。私は、この思想を信じて今日まで生きてきました。私は『葉隠』に語られた武士道哲学を信ずる者です。「毒を食らえ」は、その私が自分自身の現実の人生と、憧れの対象であった『葉隠』の思想との「激突」によって生まれた生命の思想とも言えます。そして、この思想は現代文明と最も抵触する考え方とも成っているのです。この「抵触」の中に、現代文明が真の老いを忘れさせてしまった問題点があるように思っているのです。つまり、人間の「老い」を阻止しているものが、現代の文明を覆っているということです。

「毒を食らえ」という思想の第一は、「肉体の毒」を取り込むために「何でも食え」ということです。肉体を害する何らかの物質を気にせずに体に取り入れることを意味します。また、飽食と美食の否定と捉えることも出来るでしょう。つまり、あるものは何でも選り好みせずに食えということです。そして、食い物のことは「考えるな」ということにもつながっていくのです。

まず、人間は昔から自然物を何でも食べて生きてきました。自然物というのは、すべて「毒」を含んでいます。微生物菌は当然のこととして、砒素や青酸そして重金属など、毒性のある物が少しずつは必ず入っています。人間は、それらの毒も一緒に体に取りこんできました。昔の食物に入っていた毒物は、かなりの量であったことが科学的にも推論できるのです。

しかし今は、抗菌だとか、成分調整とか、はたまた「あれは発がん性物質が入っているから」といって、なんでも消毒や加工をしてしまいます。その結果、免疫力が低下し、体の弱い人間ばかりが増えてしまいました。だいたい「食事には気を遣っています」なんていう人間ほど、体が弱かったりします。

「なんとか物質」だとか、そういうのは一切気にしないで「全部食え」というのが私の考えです。自然物を、毒も含めて体に取り込む、そうしないと体は強くなりません。痛めつけないことには体は丈夫にはならないのです。毒が入りすぎて、下痢にでもなったとしたら、下痢のまま過ごせばいいんです。死にはしません。食べ物の毒を気にしなくなれば、強い老いに入っていけるでしょう。自分を信ずることが出来るようになります。自分の生命の力を信じなくて、何の人生であるのか。自分の肉体が、その寿命を全うするまで健全に活動することを信じなければいけません。そうしなければ、強く正しい「老い」を摑むことは出来ないのです。体のことばかり気にしている人間は、弱く卑しい老人に成っていくに決まっているのです。自己ばかり見つめる者は、つまりはエゴイストだからです。

「毒を食らえ」という思想の第二は、「精神の毒」というものを知ることです。精神の毒。つまり、「不幸を受け入れる思想」を確立することです。精神的に嫌なことを積極的に受け入れる姿勢と言えます。精神は、毒によって鍛えられるのです。

昔の躾は、これが根本にありました。「人生は思い通りにはならない」とか、「人様に後ろ指を指されてはいけない」、「もののあわれを知る」とか。こうした言葉の背景にあるのは、不幸を受け入れる思想です。自分が幸福になろうとしてはいけないという思想です。世間に順応し、自然の掟を尊んで何とか生きるようにしなければならない。不幸なら、不幸のまま何とか命を全うしなければならない。そして、幸福というのはその結果論なのです。それも、不幸の結果として、不幸を受け入れたからこそ訪れてくるものなのです。幸福は、それ単独で存在しているものではないということが分からなければなりません。

人生観の根本は、不幸を受け入れる思想を持つことです。それは、革命の精神を持つということでもあるのです。分かりやすくいえば、幸福追求や満腹を求める卑しい心の拒絶です。私が尊敬する画家の戸嶋靖昌は「旨《うま》いものと、やわらかいベッドを求めるやつを俺は信用しない」と話していました。戸嶋と私は、この言葉で意気投合しました。「戸嶋はその言葉通り、自分の信念に基づく絵を描いて、食えないまま死んで行きました。戸嶋靖昌という男は本当に幸福な人生を送りました。それは他人の私が思うことであって、戸嶋本人がどう思っていたかは分かりません。幸福というのは、そういう概念なんです。戸嶋の子どもは「家の中は、〈絵画〉が主人公で、家族はみんな隅で小さくなって暮らしていました」と言っています。大いに結構です。だから戸嶋は戸嶋なんです。何しろ、芸術だけに打ち込み、家族のことなど考えませんでした。子どもに好かれようとする親などは駄目なんです。しかし、それゆえにと言ってもいいでしょう。戸嶋の子どもは、父親を今でも誇りにしています。男として、尊敬できるんですね。戸嶋靖昌は、そういう老い方をした。戸嶋は、不幸であることを何とも思っていなかったからこそ、そのように生きられたのだと私には分かるのです。

人生の真実の中に「精神の毒」があるのです。それを見据えなければいけません。もう一つ例を挙げれば、それは何が一番大切かを冷酷に見据えなければならないということです。科学的に物事を見るとは、精神にとっての毒を自らが食らうことを意味しているのです。それを食らえば、良い老化過程を歩むことが出来ると私は思っているのです。

さて、人生とは、何らかの仕事を為し、それによって食い続けるために肉体が存在しているのです。何のごまかしも、真の人生ではききません。人生というのは、名前の付いた「ひとりの男」と「ひとりの女」が歩む「一本の線」でしかないのです。それだけが真実です。あとは全部が嘘です。何のたれべえが「どう生きるか」、そして「どう老い」、「どう死ぬ」のか。人生とはそれだけです。そして、それらを見つめ続けることが精神の毒に成るのです。本質を見つめるとは、辛く痛く嫌なことなのです。

根本は仕事だけです。家庭も友だちも関係ない。仕事が人生のすべてだと言えるんです。仕事とは、つまりは「食う」ということです。そして、家庭は仕事のためにあることも忘れてはなりません。家庭があって仕事があるんじゃない。仕事があって家庭がある。先ほども言いましたが、仕事とは「食」です。それが中心に決まっている。食うことが出来ての家庭だ。家庭が中心というのは、現代文明が作り出した贅沢病です。飽食とエゴイズムの思想に他なりません。それを認めるだけでも、精神の毒を食らい続ける人生を歩めるのです。精神の毒を食らえば、自己満足と安穏は生涯に亘り無縁のものと成ります。

さて、「毒を食らえ」の思想の第三番目は、「文明の毒」です。

文明社会の毒と言い換えてもいい。つまり「不合理を仰ぎ見る思想」です。不合理とは、文明が生み出したひずみや罪を言います。その不合理を嫌ったり、それから逃げることなく、それを積極的に受け入れ消化しなければなりません。不合理というのは、文明が作り出した毒なのです。われわれは文明社会に生まれて来たのだから、不合理を愛さなくてはならないのです。文明とは、人間が創ったものなのです。だから、自然の掟から見た場合、ほとんどのことが抵触すると言ってもいいでしょう。だが、われわれ人間は、文明を築くことによって今日の繁栄を抱くに到ったことを忘れてはなりません。不合理が、我々を偉大な人類と成したのです。

私が尊敬する文学者に、『死霊』という作品を書いた埴谷雄高がいます。埴谷の著作に『不合理ゆえにわれ信ず』があります。これは、キリスト教神学者であったテルトゥリアヌスというローマ帝国末期の思想家の言葉ですが、埴谷はこの言葉が好きで自分の著作の題名にまでしてしまいました。

不合理を仰ぎ見る。文明の毒を受け入れることで人間の精神は強くなれます。文明の持つ毒を、率先して食らうのです。逃げてはいけません。嫌がってはならないのです。好きになって、自ら食らう。そうすれば、その毒が強く美しい人生を創り上げてくれるのです。そして、秀れたすばらしい老化を招き入れてくれることになるでしょう。秀れた老人とは、多くの毒を食らい続け、その悲哀をかみしめながら、大きく厚い人格を徐々に創り上げながら年齢を重ね続けた人物のことだと言えるのです。文明の毒を知れば、またその調整も出来るように成るのです。

さて、文明の毒を見てみましょう。たとえば、「愛国心」という理念も文明の毒なんです。しかし、それを受け入れれば、秀れた人物になり、そのような人間が増えれば偉大な国が生まれてくることになります。だから、愛国心から生まれる行動は真の文明なのです。戦争もそうですね。国のために突撃することほど文明的な行動はありません。

みんなは野蛮だと言うけれども、旅順の二〇三高地だとか、第一次世界大戦の塹壕戦とか、機関銃に向かって突撃できるのは文明国だけだったんですよ。こんなことは、野蛮人には出来ません。「愛国心」という文明がなければ、これは出来ないことなのです。「死の突撃」は、文明の証ということなのです。

機関銃に向かって突進して、多くの兵士が死んでいった国というのは、ドイツ、イギリス、フランス、日本、アメリカ、それぐらいしかないんです。つまり、現代の「高度工業国家」ですよ。このことが、文明の毒を多く受け入れた国が発展したという証明なんです。これらの発展した国々は、愛国心という文明の毒を率先して食らい続けた人間が大勢いたということに他なりません。そして、それらの人々の多くが、誇り高い秀れた老人と成っていったことは、史実の証明を待つまでもありません。

肉体の毒、精神の毒、文明の毒。そういうものを吸収すればするほど、人間は、賢く強く老いることが出来ます。賢く老いるということは、かっこよく、強い老人になるということです。その最も強い形は何かというと、死んでから最強の人間になる人生です。死んで最強とは即ち、歴史に残るということです。われわれが仰ぎ見る歴史上の人物というのは、みな、死によって最強の「人物」に至っています。そのような、強く美しい老いの過程に入ることこそが、真の「耆」ということなのではないでしょうか。

老いは衰えることではなくて、強くなり、美しくなることです。これを私は「老いの美学」と呼んでいます。「耆」のことと言ってもいいでしょう。真の老いというのは、精神論によってもたらされる哲学概念が作り上げるものなのです。精神を大切に思う人間だけが、あらゆる「毒」と直面することが出来ます。

肉体の毒、精神の毒、文明の毒と先ほど言いました。その上で大切なのが「魂の永久革命」を慕う考え方を確立するということです。永久革命です。自己の生命が、生命そのものの永久革命に向かって生き続けることによって、真の老いを招き入れるのです。革命の思想にとって、最も大切な栄養源が「毒」なのです。革命を嫌う生命は、動物に成り果ててしまいます。だからこそ、真の「老い」は、「精神性」を何よりも重んずる人間にだけ可能なひとつの思想なのです。それは、革命に向かう、清く高く悲しい「何ものか」を求める魂と呼んでもいいかもしれません。そして、この思想こそが、人生最大の毒物なのです。つまり、魂の錬磨という生命に対する毒を、死ぬまで注入し続けるということです。魂の錬磨をやめたところが、その人の精神の死です。肉体の死ではなくとも、人間としての生命の死です。

「毒を食らえ」という思想を確立する。これが、「老いの美学」を創り上げるということにつながっていくのです。

愛は、宇宙的である

私は、人間の生命とその運命について考えることが好きでした。だから、これまでにいろいろな人の人生とその生き方について語り合って来ました。そうした中で分かったのは、ほとんどの人の人生が決するのは四十歳前後であるということです。だから厄年なのでしょう。良くなるのか、悪くなるのか。いわば分岐点です。ほとんどの人は生命力を抑える方を選ぶように見えます。弱くなる理由としては、間違った優しさ、間違った愛、そういうもののために自己の生命を捨てていく。そして、それが良いことだと思いながら老いていくのではないでしょうか。つまり、動物化していくということです。

よくあるのが、家族のために、子どものためにという考え方です。元来、子どもというのは産んだら精神的には捨てなければいけないものなのです。子どもは「別人」なんです。子どもを幸福にしよう、子どものために何かやってあげようと思ったら、本人は徐々に動物になります。男の場合は財布代わり、女は世界で一番愛情深い人間という馬鹿げた「善人」ですね。そして、幸福の押売りによって子どもの精神は萎え、毒を食らうことが出来ない人生に突入していきます。

厄介なのが愛という言葉です。多くの人々が、子どもへの愛、家族への愛といった言葉によってすべてを正当化してしまいます。愛という言葉が出てきた途端に正義になってしまう。けれども、家族愛なんていうのはエゴイズムの延長なんです。家族ほど、自分のエゴを覆い隠すのに便利な存在はありません。自分のエゴイズムを愛という名のものに変えているだけなんです。家族愛を主張した瞬間に自分のエゴイズムに正義が出来てしまう。妻のためとか、子どものためとか、大義名分のように掲げる人がいるけれども、本当は自分のためなんです。自分が臆病で卑怯なだけなんです。周りの人たちはその「気持ち」を汲んで、家族のために尽くしていると言って褒めてくれるだろうけれども、振り切らなくてはいけません。家族愛という言葉が理由になって、自分の生命を殺すことになるからです。自己の生命が本当に「生き」なければ、正しく老いることは出来ないのです。美しい老いは、宇宙の一環である生命の秩序を正しく踏んで生きなければ、決して得られることはありません。生命の哲理である本当の愛を、自らの生き方の中に実践していかなければならないのです。

本当の愛は、根源的で宇宙的なものです。自己の命を家族以外の他者のために捧げるのか、自然のために捧げるのか、宇宙のために捧げるのかということです。自己と家族は、愛の対象には入りません。それは、あくまでも自分自身であり、良くも悪くも自分の利得なのです。だから、その対象は、自分自身から遠いものほど真実性が高いのです。自己の利益に還元されにくい「何ものか」です。自己の生命を何ものかのために捧げるのが愛であり、これこそが宇宙の真理です。それ以外はすべて嘘です。

これは古今東西、あらゆる宗教家や哲学者が述べていることです。宇宙的な愛とは、自己の生命を何ものかのために犠牲にすることであり、捧げる対象との関係が即ち愛です。宇宙をみれば分かります。星は崩れ爆発してガスになり、また次の星を生むための材料となります。次の星もまたそれを繰り返す。自己犠牲の精神。これが愛の本源なのです。

神父ダミアンは言っています。「友のために自分の命を捨てること、これ以上に大きな愛はない」（ヨハネ福音書十五章十三節）と。何ものかの犠牲になって死ぬのが愛です。だから、家族のためでも本当に奥さんや子どものために死ぬのなら、それは愛でしょう。犠牲になりつつ生きることではありません。犠牲になったと勝手に思いながら、生きることを選ぶのはエゴイズムです。

家族の幸福とか、子どものために生きようとか、そんなことを思ったなら、自己の生命は「死ぬ」だけです。私が「子どもを捨てろ」というのは、そうならないためです。捨てるという言葉を使うから悪く聞こえてしまうかもしれません。要するに、子どもには子どもの人生があることを理解せよということです。どんなに子どもを愛しても、命まで代わることは出来ません。子どもには子どもの人生がある。親がそれを分かってさえいれば、子どもは自分の人生を歩いて行きます。その人生を「祈り」、「見つめる」ことが愛なのです。そして、それは悲哀でしかありません。愛とは、悲しみなのです。それを、勇気をふり絞って引き受けることだと言ってもいいでしょう。歴史上のあらゆる人物を見渡して、このような生き方こそが、本当に「秀れた老い」を導き入れていることが分かるのです。「耆」を実現した人々は、悲しみを受け入れた人たちだと私は断言できます。

「老い」は呻吟する精神によって磨かれる

「耆」は非常に深い意味を持つ言葉です。一般的には、「よく老いる」ことですが、諸橋轍次の『大漢和辞典』を繙《ひもと》くと、耆には「にくむ」という意味があると書かれています。にくむとは、鍛えること、いじめることです。自分を痛めつければ痛めつけるほど、老いの過程は美しくなり、強い老人になっていくということに他なりません。

自分に対して、厳しく修行を積めば強く美しくなる。これが昔の常識です。しかし、現代においてはこの常識は失われつつあります。自然に触れる機会が減ってきたからに違いありません。自然は生命に対して、目に見える形で苛酷さを与え続けてきました。見える形は確かに減りましたが、しかし現代でも目に見えないところで、我々はやはり自然の掟に制約されているのです。ただ、その総量が、著しく減ってしまったということなのです。自然とはつまり神の摂理ですから、それは真理だと言っても過言ではないでしょう。つまり、苛酷が生命を育み、よく老いる人物を創っていたのです。

だから、自然が目の前から減った現代では、人間が成長するためには、自ら率先して「毒を食らわなければいけない」と私は言い続けているのです。これが、現代社会において、老いるための根本的な思想であることはすでに述べました。「毒」とは、肉体を痛めつけるもの、また人生の苛酷や悲哀といったものを言うのです。それを受け入れ、愛することが「老いの美学」を完成させていくのです。

現在はあまり読まれなくなりましたが、二十世紀最大の文学者のひとりであるトーマス・マンの作品に『魔の山』という小説があります。私が子どもの頃までは、世界の教養のある人たちが好んで読む文学でした。私の父も、大学時代の愛読書の一つが『魔の山』だったと言っていました。それも、父はドイツ語の原書で読んでいましたから、心から好きだったに違いありません。今も、父の書棚には、そのフィッシャー版の深淵な背表紙が輝いています。もちろん、私もその影響で読んだのです。ただし、私は翻訳書でした(念の為)。世界最大の教養の書であり、ヨーロッパ人の思考による西欧的文明論がその生活観として展開されています。

この中に貫かれている思想は、人間の成長というのは、その「生命」がどれぐらい痛めつけられたかによって決まるということなのです。何よりも重要なのは、本当に人間的なものというのは、すべてが「病気」であると表現されていることです。その不合理性をどう受け入れるかにかかっている。つまり、生命学的にいえば人類は全員が病気であるということです。病気であることを認めないと、人間として強くなることは出来ないという思想です。文明とは、生物学的にはすべてが「病気」なのです。その不幸を受け入れなければ文明の発展はないのです。

われわれは一人も健全な人間はいないし、動物学的にはどこかおかしいわけです。どこかおかしいゴリラの一種が、文明を作った。トーマス・マンはそう主張します。私もそう思います。文明は神の摂理からいえば宇宙の「がん細胞」です。良いとか、悪いとかを言いたいのではありません。自分たちの文明が「がん細胞」であることを分かっていることが大事なのです。京大の今西錦司が「ゴリラの研究」を行なっていました。あの京大人文科学研究所の輝かしい成果です。あれは面白い学問です。梅棹忠夫も良かった。あの一連の研究を読んでもまた、「文明」というものの「がん細胞性」は良くわかるんです。

しかし、文明の本質がどういうものであっても、私は文明が好きです。ただし、文明というのが悪魔の所業だと知らなければならないのです。そして、それを制御し、文明を監督するのがわれわれ人類の重大な役目だと認識することが大切なんだと思いますね。それが分からなければ、人間は正しく年取ることすら出来ないのです。世界と人類は、ただひたすらに素晴らしくして、愛と善意に溢れていると信じている人々は「永遠の子供」でいるしかないのです。つまり、最も困った「老人たち」です。

トーマス・マンは言います。健康であることは、良いことではありません。健康というのは、つまりは動物だということなのです。病気であることが、人間なんだと言っている。死に向かって老いていく過程が人間的なのです。健康とか、喜びとかではありません。生命の本質は、悲哀にあります。そして、文明の本質には、病的疾患があると分からないうちは、正しい人生も、正しい老いも、正しい死も訪れて来ることはありません。正しく生きた人は、その「悲しみ」が分かっています。悶々として生き、それを何とか改造しようとし、それが未完で終わるのが人生であると知らなければならない。人生とは、その悲哀を乗り越えて、それでもなお、希望に向かって行く道程と言ってもいいでしょう。その苦しみを苦しみ抜くことだけが、秀れた「老い」を生み出すのです。

文明が「病気」であることが分かれば、その毒の量を調整して食らうというのが人生となることも納得できます。いっぺんに毒を飲んだら死んでしまいます。自分が死なない程度に毒を食らうことです。その毒の食らい方を訓練するのが、つまりは人生の修行なのです。

文学を読むのも人生の修行だと、かつては言われたものです。それによって人間として成長もします。しかし、私の友人はドストエフスキーに耽溺するあまり高校生のときに自殺しました。秀れた文学も、また毒なのです。毒だからこそ、薬にもなり、また生命を死に至らしめることもあるのです。だから、食い損なえば死にます。それゆえに、人間的というのは呻吟《しんぎん》する精神を持つことなのです。呻吟する精神とは何か？　つまり、毒を食らい続ける過程そのものを生きるということに尽きます。

現代は安心・安全の時代で、親が子どもに毒を含む危険なことをやらせたがらない。だからより弱くなり、より惨めな大人になり、年金と自分の幸福だけを願う、本当にみすぼらしい「年寄り」に成り果てるのです。八十歳、九十歳にもなって自己の幸福を追求するなんて、本当に嘆かわしい限りです。若者たちの未来の幸福を願うのが、本来の老人というものです。恥を知らなければなりません。真に秀れた老人は、国家や世間、そして未来を担う若者に対して「遠慮」というものがなければならないのです。そして、それがある老人こそが、敬まわれ、また

「かわいい」老人となっていけるのです。真の老人は、愛すべき人間であるが、肉体だけが衰えた年寄りは、実に憎たらしい存在と言えるのではないでしょうか。

目的は燃え尽きること

人生の目的は、燃え尽きることにあります。私の生命論は、この一語に尽きます。私の話すことや、著作物の内容はすべて、それだけのことなんです。地位や学歴、肩書きや、金銭などというのは全く関係ありません。その人の生命がボロボロの灰になるまで燃え尽きたかどうか、私にとっての成功哲学はそれだけです。燃え尽きれば成功した生命であり、くすぶれば失敗の生命ということです。うまいものを食いたいとか、やわらかいベッドで寝たいとか、そういうのが燃え尽きる人生の敵になります。安全や保障、そして社会福祉の全般もまた、そう言えるでしょう。

ここで一人、例を挙げるとするならば俳人の松尾芭蕉です。

「旅に病んで　夢は枯れ野を　駆け巡る」

これは松尾芭蕉の有名な辞世の句です。ご存じの通り、辞世の句というのは死の床でパッと思いつくわけではなく、予め生前に用意しておくものです。私が調べたところでは、芭蕉は三十代の頃にはこの句を作っていたと考えられます。この句が意味するのは「野垂れ死にの覚悟」です。三十代の頃から、芭蕉は「ただひとりで死ぬ決意」をしていた。つまり、野垂れ死にをしたくて生きていたということです。それが分かると、芭蕉の句が魂に響いてきます。

芭蕉は野垂れ死にをしたくて、一生涯に亘り旅をしていました。ところが、ついにそれがかなわず、畳の上で死ぬことになってしまったのです。名をあげ、偉くなり、たくさんの弟子に囲まれて死ぬ芭蕉は、今の価値観に照らし合わせれば、勝ち組であり、成功者であり、幸福ということになるでしょう。しかし、芭蕉は本当は旅の中で、「ただ独り」野垂れ死にしたかった。

この死際の芭蕉が置かれた光景を、芥川龍之介は『枯野抄《かれのしょう》』という短編小説に書いています。これが実に味わい深い小説です。結果論として、松尾芭蕉は成功者として死にますが、芥川龍之介のような天才は、芭蕉が不幸のどん底にあることにちゃんと気がついていたのです。芭蕉にとって、旅は自己の生命を削る修行であり武士道だったのです。その武士道を貫き通すことが出来なかった。成功者として、弟子たちの思惑の駆け引きの中で死んで行きました。それは、一般的には幸福な死と呼ばれるものであったが、芭蕉にとっては不幸のどん底であった。成功者の不幸が描き尽くされているのです。燃える生命の本質が、その文学を底辺から支えているのです。芭蕉にとって、畳の上でぬくぬくと死ぬことなど耐えられなかったに違いありません。芭蕉は、燃え尽きてボロボロに成って行く生命の本質を、本当によく知り抜いていたと思われるのです。旅から生まれた芸術が、芭蕉の俳句でした。野垂れ死にの覚悟が松尾芭蕉を創ったわけです。松尾芭蕉のこの老いが、「耆」という言葉に相応《ふさわ》しい秀れた老いであると私は考えているのです。真の「老いの美学」です。

ここまで読んでいただいてお分かりのように、人生の目的は燃え尽きることにあり、死をめざして力強く生きるその過程で人は正しく老いることが出来るのです。そういうことを分かった人が、運良く死なないで年を取っていったならば、結果論として周囲の尊敬を集めたわけです。

臨済宗の禅僧・白隠は八四歳まで生きました。人生五十年といわれた時代ですからかなりの高齢です。今なら、百二十歳近くということでしょう。ただ、白隠は長生きしようと考えていたわけではないのです。若い頃から苛酷な修行によって死にたくて仕方がなく、実際何度も死にそうになりながら生きてきた。そして、他者の人生を助けるために、自己の肉体にはいつでも鞭を打って生きていたのです。長生きをしようなどとは考えたこともない。自分の生命の研究そのものが、他者の生命を助けるための研究であったのです。だから、あらゆる人から尊敬を受けたということです。私は、白隠の「書」を多く集めていますが、その「書」はすべて「祈り」なのです。「書」を見る人々が、生命の幸福を摑めるように願うその「涙」が、白隠の「書」なのです。現代人が見てもそれが分かるのです。だから、白隠の「書」は今でも重んぜられているのだと言えましょう。

自己の死に対する挑戦。つまり、自己の生命を賭して、他者の生命の幸福を祈る。昔の禅僧はその多くがそうでした。厳しい僧堂では、八割ぐらいの禅僧が修行で死んだといいます。多くの書画を残したことでも知られる怪僧・南天棒は、落ちれば死ぬほどに深い井戸の上に、板一枚渡してそこで座禅を組んでいました。その井戸は現在も残っています。日本刀を頭上に糸で吊り下げ、その下で座禅を組んだという話もあります。要は、死の覚悟です。つまり、自己の生命は、生命の本質を追求する修行のためにに捧げていたのです。そして、それが結果論として他の人々の生きるための手助けとなっていたのです。だからこそ、年を取り、尊敬されるようになった。江戸時代であっても、ただぬくぬくと年を取っただけで尊敬されていた人などいません。

江戸時代だけでなく、すべての歴史を見つめ直したときにもそのようなことは言えるのです。自分の体を大切にして、うまいものを食べて、やわらかい布団に寝て、贅沢をしながら年を取り、尊敬された人物などは見当たりません。真の老いとはそういうものです。そこに気付いてほしい。現代の、社会保障と年金、そして権利意識だけで肥え太った弱者を装う年寄りを指して、老人を労《いたわ》りましょうといわれても無理な話だということは分かっていただけると思います。

燃え尽きる人生に入っていくには、人間は死ぬために生きているということが分からなければならないのです。どう死ぬかを決めれば、自ずと老い方も決まります。人生とは、憧れに向かって生きる老いの道程だからです。自己の生命の死の先に、真の憧れというものが存在していることに気付かなければなりません。だからこそ、死に方を決めなければ、人生は始まらないのです。

死が主であり、生は従です。これが分からないうちは真の老いには到達できません。フランスの思索家モンテーニュもその『随想録』の中で、「生」というもののの真の意味を「死の訓練」とはっきり書いています。そのモンテーニュもまた、素晴らしい老い方をした人でした。友情に篤く、他人のためならいつでも命を投げ出すことを惜しまぬ生き方を貫き、たまたま運命によって生き続けた人物でした。

死の訓練としての生。それが秀れた老いを招きます。漢字で表現するところの「耆」です。先にも書いたように、耆には「にくむ」という意味が含まれています。文明や人生に潜む、その病的本質をにくむ姿勢、そしてそのあり方というのが、強い思想を生み、結果として真の老いを導き出して来るのです。私はこの一字からそのように感じます。今の人たちがよく口にするような「自分の人生が好きだ」とか、「人生を愛している」とか、そう言っているうちは自己のエゴイズムだけに立っていると思ったほうがいいと思います。自分の生命そのものを、何か他のものに捧げ尽くすことによってのみ、自己の生命が真に生きて来るのです。そして、この生命が生きれば、真の老いが待っていることもまた必然と言えるのではないでしょうか。

垂直のエネルギー

昔は、美しい老いを表現するのに矍鑠《かくしゃく》という言葉がありました。

私は武士道が好きで、小学一年生のときに『葉隠』を読み、そのように生きたいと決め、今日までそれをなんとか貫きながら生きながらえてきました。武士道の精神で生きようとしてきた私にとって、老いの美学は矍鑠という言葉に収斂《しゅうれん》されます。それが私の「耆」です。矍鑠というのは、いつまでも若いままでいたいという考え方ではありません。その人の年齢相応の、最も均衡のとれた強い力を出すことをいいます。九十歳の人は九十歳の人間としての生命の全開、それが矍鑠です。九十歳の人が五十歳の人のまねをしたら矍鑠ではありません。矍鑠というのは、年相応を意味します。そして、矍鑠という言葉が当てはまるような老いは死に向かって突進する人生でしか到達できません。まず、死を受け入れる。そして、毒を食らう生き方を実践する。その先に、結果論として矍鑠という形が与えられるのです。つまり、矍鑠とはその人の生命がいつでも「立っている」状態を言うのです。他人との比較ではありません。その人の固有の生命が、生き生きと生きているかどうかということに尽きるのです。「老人としての生」が立っていれば矍鑠です。自分自身の生命の終着点を目指して、その生命の働きを立ち上げるのです。その条件は、身心の「独立自尊」です。ただ独りで生き、ただ独りで立ち、ただ独りで死ぬ覚悟が、この矍鑠という老い方を支えている思想と言ってもいいでしょう。だから、保障や安全そして安楽や安穏が、その矍鑠という生命を台無しにしてしまうと言っているのです。そして、この矍鑠は、「骨力」と呼ばれる生命の本質によって支えられているのです。

中国の古典『晋書』の中に、その「骨力」という言葉が出てきます。

中国史上、最大の書家と言えば王羲之と王献之の親子です。書法も、技術的には息子の王献之の方がうまいと言われています。しかし、王献之が父親の王羲之にかなわないことが一つだけありました。それが「骨力」です。書の中に貫徹するエネルギーであり、技術を通り越して、その書の「品格」を支える「力」そのものです。それを古代人は「骨力」と名付けたのです。

私は、その不可思議で神秘が漂うエネルギーに、深い魅力を感ずるのです。私は、それを「天を目指す垂直のエネルギー」だと捉えています。生命を立てる、根源力と捉えているのです。遠い憧れを見つめる、冷たい透徹力と感じているのです。素晴らしい死、素晴らしい老いに向かって行くには、天に向かう垂直のエネルギーを、自分の中に醸成しなければなりません。高く清く悲しい天の掟を仰ぎ見る生き方です。それが、生命に垂直志向を与えてくれます。

垂直のエネルギーを、普通の言葉にすると「祈り」ということになります。宗教家が唱える祈りとは、垂直のエネルギーに向かう人間の願いということに他なりません。

これに対して、我々が一般に言う幸福は、垂直ではなく水平の考え方の上に立っているのです。水平とは、生命的に言えば、他との比較であり、安定を求め楽を求める考え方と思えばいいでしょう。自分だけの幸福を追求する姿勢は、自ずから水平をめざすエネルギーに同化していくのです。

『マタイ福音書』（十章三十四節）において、キリストは「地上に平和をもたらすために、私が来たと思うな。平和ではなく、剣を投げ込むために来たのである」と言っています。そこにおいて、イエス・キリストが何ゆえにこの世に来たのかということを、キリスト自身が語っているのです。そしてキリストは、夫婦の仲を裂き、親子を離反させ、家族をぶち壊すために来たのだということを言っているのです。つまり、自分だけの幸福を願う人たちを一掃するために来たのだということを語っている。そして、神があっての家族、神があっての夫婦、神があっての親子だと述べます。キリストは神と言っていますが、現代的には、それを「宇宙」と言ってもいいのではないでしょうか。つまり、天を仰ぐ垂直の生き方を知った後に、この世の事柄である水平の生き方を受け入れなければならないという意味です。それが、生命を燃焼させるための根本哲理なのです。

武士の親子もしかりです。仮に子どもが武士道に背くことをすれば、親が子を叩き斬ります。これを真の「成敗《せいばい》」と言っているのです。もちろん、現代社会において、この例は大仰でしょうが、真実を知るには大仰な例の方が分かりやすいのです。真実の生き方、つまり美しい老いに必要なものは、水平ではなく垂直の厳しさなのです。垂直だけが、自己固有の生命を立てることが出来るのです。その結果、真の老いの過程を歩むことも出来るのだと言えましょう。

つまりは水平ではなく、垂直を目指す生き方に本当の人生の価値があるのだということです。垂直のエネルギーとは、祈りだと先に言いました。私の親友だった戸嶋靖昌も言っていました。「良い芸術には、祈りがある」と。祈りとは、つまりは垂直を仰ぎ見る精神のことです。

私はかつて、三崎船舶工業株式会社という造船会社に勤めていました。この会社を創設した平井顕《ひらいあきら》に私はかわいがられ、薫陶を受けました。平井顕の師にあたるのが、数々の軍艦の設計を手がけ、日本の造艦技術を世界の最高水準まで引き上げた平賀譲《ひらがゆずる》でした。私は、平井社長から平賀譲の言葉として聞いた言葉に、たいへん感動したことを今でもはっきりと覚えているのです。それが、「設計とは祈りである」という言葉でした。これが、設計の天才と謳われた人間の言葉なのです。私は、この言葉が深く深く自己の魂に刻み込まれることになったのです。科学技術の最先端を歩む人間の思想であることにも、私は強い感動を覚えたのです。すばらしい人生と、秀れた老いを生き抜いた人はその多くがこのように言っているのです。

また、漢帝国を築いた劉邦の有名な言葉に「命《めい》は天に在り」があります。命というのは運命のことです。劉邦は病気になったときに、駆けつけた名医の治療を断ります。「きちんと治療をしたら必ず治ります」と名医が言うと、「治す必要はない」と答えた上で「命は天に在り」と言ったのです。これは、自分の運命を信ずる人間の言葉としてあまりにも有名です。この信念が劉邦を英雄と成し、偉大な人物としての老いの道徳を築き上げたのです。

「老いの美学」を目指す者は、精神の鍛錬に向かわなければなりません。精神と呼ばれる魂だけが、人間に真の老いを与えることが出来るのです。フランスの哲学者アランは「魂とは、肉体を拒絶する何ものかである」と言っていました。逃げ出したいときに自分を逃がさないもの、それが「魂」であるとアランは言うのです。怖いときに逃げ出すのは動物です。怖くても逃げないで踏ん張るのが人類であり、魂であるということです。そのように生きたいと願いつつ、日々に自己の生き方を鍛錬する者だけが、先ほども言った真の老いである矍鑠を手に入れることが出来るのです。

先ほども「愛国心」のところで少し取り上げましたが、戦争においても機関銃に向かって突撃できるのは文明国の兵士だけです。第一次世界大戦のときにドイツと英仏の間で繰り広げられたソンムの会戦では、ドイツ軍の機関銃が並ぶ塹壕に向かって英国軍が突撃して、二時間に六万人が死傷したと言われています。それが出来たのも、英国が文明国だからなのです。文明とは、垂直を仰ぎ見る精神を持った民族にだけ築き上げられたものなのです。

日清戦争のとき、日本人は散兵線を広げて銃剣突撃が出来たけれども、対する清国の軍隊は逃げ出さないように鎖で繋がれていたというのは有名な話です。清国軍は愛国心が無く、金銭でやとわれていただけの軍隊だったのです。当時の清国は、文明が衰退していたのです。つまり、自らの意志で死ぬというのが文明であるということです。怖くても、逃げ出さない人間を作り上げたのは高度な文明なのです。歴史は文明が衰退した時に、臆病で卑怯な国民が生まれ出て来ることを証明しています。自分の肉体や、自分の幸福だけを求める人間の出現は、明らかに、文明の衰退がもたらした現象に他なりません。今の日本の現状を見るに、日本はすでに文明的衰退期にあると言えるのではないでしょうか。特に、己れの幸福だけを求める現代の老人のあり方を見るにつけ、私はこのことを強く感ずるのです。われわれ文明人は、真の文明を早く取り戻さなければなりません。それには、美しく強く老いて行く思想を、その人生観の中心に据えなければならないのです。

自死と自殺

よく老いるために、まず理解してほしいのは、死は悪ではないということです。現代は、死を悪と捉えることによって、よく老いるための知恵の積み上げが行なわれなくなってもいるのです。つまり、死を嫌い、それから目をそらす習慣が身についてしまったと言えるでしょう。死はすべての人に訪れるものです。それをまずは受け入れて、そこへ向かってどう生きるかというのが重要な考え方となって来るのです。そのことによって、矍鑠に向かう「老いの美学」を自己の問題として創り上げることが出来るようになります。

人間は、死を目指して生きなければなりません。従って、自己の意志で死ぬことは、自分固有の生命をもつためには必要な考え方となるのです。決意して切腹したり、何かのために死ぬというのは、私の思想から言えば、真に生きるために死ぬということになります。だから、それはすばらしい自己固有の生命を創り出すものとも成っているのです。この思想が、今の人には理解できないところでしょう。生きるために死ぬ。真の人間として生きるために、自分の肉体を葬り去る。人間としての名誉を守り、そのために死ぬということです。この考え方を受け入れるところから、自分らしく美しく老いるということの意味が分かるようになるのではないかと私は思っているのです。

もちろん、最近の自殺は、いまここで私が述べている自分の意志で死ぬ思想とは本質的に違います。自殺は逃げです。逃げは卑怯です。自殺は自己の命をないがしろにすることでしかありません。エゴイズムの極致です。

自己の意志による「自死」、つまり「自決」とは意味が違います。自死は、人間としての名誉や生命を生かすために肉体を殺すという意味において、よく老いて行くためには必要な考え方となるのです。必要もないのに、あえて自決することなどはもちろん必要ありません。要は、その価値を認め、その覚悟と哲学をもって死に向かって生きて行くということが大切なのです。この思想が理解できれば、年を取ってうまいものを食べることを望み、自己の安楽と健康長寿だけを願って生きる姿が、どれほど惨めなことであるのかが分かってくると思います。自分の幸福を求めてはいけません。幸福を求めるというのは単なるエゴイズムです。求めるべきは不幸を引き受けようという心持ちです。不幸を引き受けようと命がけで生きて、結果論として幸福になる人はいるかもしれません。幸福は、結果論なのです。幸福を求めて生きるのと、垂直を求めて生きた結果、幸福を手にするというのは根本的に異なります。真剣に生きて来た人物ならば、他者の幸福を願うということは、自己が不幸の部分を引き受けることによって成り立つことに気付いているに違いありません。

われわれは、人間としての生命ということに関して言えば、最も苛酷な時代に生きています。今の時代は何でも楽しさや優しさがもてはやされるけれども、安楽や優しいこと自体が生命的には嘘であることを知らなければいけません。生命の原理は弱肉強食だからです。動物愛護などという言葉がありますが、犬も猫も人間を害した瞬間にすぐに殺されます。これが偽らざる人間の本音です。あんなものは、愛であるはずがありません。人間の一方的な都合だけによる、人間の一人よがりの愛の押し売りに過ぎません。

私が子どもの頃の東京は、まだ戦後の荒廃が残っており野良犬の山でした。おまわりさんが野良犬を見つけたらその場で棍棒でもって撲殺していました。なぜなら子どもの事故の大半は野良犬に襲われての事故だったからです。そんな時代のことを忘れて、動物愛護を声高に叫んでいる。聞いてあきれます。町にシカやイノシシが出てきたら殺しますよね。人間に危害を与えるどころか、畑を荒らされた、被害額はいくらだと言ってどんどん殺しています。勝手なんです。ただし、文明とは人間の勝手を通そうとする思想なのです。それが、分かって生きなければばいけない。また、それを分かりながら老いて行かなければならないと私は言っているのです。それが、強く美しい老いを創り上げると言っているのです。そういう文明の真実が、現代では覆い隠されているのです。

元凶は、きれい事だけを尊重する戦後民主主義にあります。民主主義なんて嘘です。平等思想なんて嘘に決まっています。論議する必要すらありません。顔だってみんな違う。違わない方がおかしいわけです。どうしてみんな平等が好きなのか、全然理解ができません。個性が立ち上がらなければ、人間ではありません。もちろん、個性とは個別性そのものではありませんか。個別性とは、つまりは差別なのです。そして、われわれの文明も文化も、そのすべては他との差別化の思想によって、その根底が支えられています。肉体なんていうのはゴリラかオランウータンなのです。平等だとしたらその部分だけです。類人猿の体の中に、宇宙のどこからかきた「精神」と呼ばれるものが入って人類が誕生したわけです。そして、精神は個別に立ち上がった独立自尊のものに他なりません。われわれが大切にしなければならないのは精神です。少なくとも肉体ではありません。肉体はあくまで精神の容れ物であって、それが逆転しているからおかしなことになってしまっているのです。人間とは、精神の生き物なのです。それが分かれば、人間の尊厳が分かります。そして、人間の尊厳が分かれば、自己固有の生命を立てることだけが人生であり、老いの本質なのだと分かるのです。

「死に狂い」と「忍ぶ恋」

　ここで展開しているのは、そのすべてが生命論です。私が言う「老いの美学」は、生命の燃焼過程の最後の「輝き」が「耆」であるということなのです。私が他人に自慢できるものといったら、子どもの頃から間断なく続けて来た「読書」の力しかありません。その不断の読書経験から得た知識を元に、私が独自に樹立して来た宇宙と生命の見方を述べているものが、私の老いの思想なのです。

　その読書人生の出発に当たって、小学一年生の時に初めて読んだ本が私は『葉隠』という武士道の思想書だったのです。それは、偶然の出来事でした。しかし、その偶然が私の人生を決定したと言ってもいいのです。その偶然に始まり、私は一生に亘って武士道の生き方と哲学を研究実践する人生へと突入して行ったのです。とにかく、私の人生で最も良かったと思うのは、子どもの頃に読んだその『葉隠』の思想が、私を支える二本柱として入ったことだと断言できるのです。

その一つに「死に狂い」という思想がありました。

死に狂いとは、生死二つのうちどちらを取るかと問われれば、必ず死ぬ方を選択する生き方です。また、日常性において、死ぬために生き、その覚悟を培うことを最も大切に思う生き方です。そして、死にものぐるいで生きて、運良く死ななかった者が矍鑠とした老化をしていくということが分かって来たのです。私は、運良く死線を乗り越えて人並みの人生を歩み、人並みにある程度年取ってくることが出来たと思っています。私は自分の生き方に、今、誇りを感ずることが出来ます。それを与えてくれたのが『葉隠』の思想だと尽々と思っているわけです。「長生きしたい」とか、「いつまでも健康に年を取りたい」と思うだけの生き方なら、弱くみじめな老人に成り果てていたでしょう。いつ死んでもいいと思って修行に勤《いそ》しむと、死ななかった場合、秀れた老人になれる可能性がある。これが「耆」という言葉の意味するところだと私には思えるのです。「耆」には年を取ってから日を仰ぐという意味もあります。つまり、年を取ること自体が、一種の僥倖《ぎょうこう》であるということなのです。僥倖とは、何か幸運でこうなったということです。だから、そういう意味が「耆」にはあるのです。毒を食らい、死に狂いの人生を歩んではじめて、老いの美学を貫徹した生き方になるのではないでしょうか。その先に「耆」がある。

死に狂いともう一つ、『葉隠』から得られた思想が「忍ぶ恋」です。忍ぶ恋は、老いの美学のための最大の思想と言っていいかもしれません。忍ぶ恋とは、永遠の憧れを持つことです。絶対に到達できない憧れを心に抱くことです。そして、そこに向かって突進する。ただ、ひたすらに見つめ続ける。我が身を、恋の炎にさらし続ける。それが、忍ぶ恋です。絶対に到達できず、そのために自分の命さえも投げ出さなければならないものを忍ぶ恋と言います。忍ぶ恋を、自己の思想の柱の一つにしなければならないと思うのです。憧れに生きることが、真の「武士道」を生むのだと私は思います。憧れとは、自己の脳髄の破壊を必要とします。自己を殺さなければ、真の憧れは手に入りません。そして、その手に入りそうな憧れすら、決して到達できぬままに、自分は死ななければならないのです。それが忍ぶ恋の思想です。だから、すべての人間の人生は未完で終わらなければならないのです。未完で終える勇気が、真の「老い」を自己にもたらしてくれると私は信じています。それが老いを強く美しいものにしてくれると私は思っているのです。

さとり世代という言葉があります。それは若者の罪ではなく、繰り返し述べているようにくだらない年寄りに原因があります。戦後の似非《えせ》民主主義の悪平等で、今の年寄りが物質的な生き方をしてきたから、それを見てきた下の世代がしらけたのは当たり前なんです。何の苦労もせずに西欧的な民主主義の真似事を得て、アメリカ的な物質文明を受け入れたという戦後の日本国家の間違いを、国家そのものが悟らなければいけない段階に来ています。そして、死を受け入れる生き方、国や他者のために命を投げ捨てる大切さを身をもって感じられるようになることが大切なのです。おそらく、そういう老人が増えれば、自然と感応する人たちが出てくるでしょう。

私もすでに、年寄りの部類に運良く入るのですが、私の考えに触れ、私の著作を繙いてくれ、私のことを好きになってくれた人の多くが挑戦の人生に入っていくのを目の当たりにして来ました。この本もそうです。読んで感応する若者が出てくれたらいいと、そう思います。

私自身も、ある意味では歴史上の人物たちの真似事を行なってきただけなのです。人生とは、つまるところ人真似なのです。それでいいのです。私はよく人に言うことがあります。それは、誰か歴史上の人物の言行に触れて自分がその「何ものか」に感応すれば、その歴史上の人物と「同じもの」を、その感応した人も必ず持っているということです。「同じもの」がなければ、人間は決して感応しません。たとえば、西郷隆盛に感応した人がいれば、その人の中には「小なりといえども」、必ず西郷隆盛と同じような精神があるのです。それが分かれば、歴史が途轍もなく面白いものになってくるでしょう。

そしてそのようなことが分かれば、生きている人間の影響力はもっと強いことが当たり前のように分かってきます。

だからこそ、年寄りは若者たちの憧れの存在にならなければなりません。

私は幸いにも、若い頃に秀れた「老人」に巡り合う機会に恵まれ、それが私を創る何ものかになっています。私自身は、いくら修行しても一人前だとは思っていません。気分的には一生修行、一生書生です。私をかわいがってくれた先人の方々には今でも足下にも及ばないと思っています。

その一人に、シェークスピア俳優の芥川比呂志がいます。あの芥川龍之介の息子です。芥川比呂志は私の父の友人であったため、私はずいぶんかわいがってもらいました。その芥川比呂志と、「老い」について語り合ったことを今でも覚えています。芥川比呂志は私に、年を取る上で最も重要だと自分が思うことは、『リア王』の中に出てくる次の一節だと言ったのです。それが、「耐えねばならぬ」(Thou must be patient.)という台詞です。これが、老いていくために必要な必須条件だと、芥川比呂志は語りました。この言葉の中に、人間が老いていくために必要な、すべての哲学が含まれている。人間学の天才であったシェークスピアが、そう言ったのだと私に伝えたのです。私は、芥川比呂志を芸術家としても人間としても強く尊敬していたので、一も二もなくこの考え方を受け入れました。この思想はあれから五十年たった今でも、私の中心の哲学の一つになっています。私はこの言葉を、先ほどの「毒を食らえ」と同じ意味だと解釈しています。真の「老い」は、自己の命の最後の燃焼へ向かう心意気なのです。だから、苛酷で辛《つら》いに決まっているのです。勇気を振り絞って、死に向かって突進して行かなければなりません。

その芥川比呂志は、若い頃から結核で体が弱かったにもかかわらず、休むことなく舞台に立ち続け、舞台の上で喀血して死に行きました。言行一致の真の「武士道」に生きた人物だったと、今でも私は思っています。

読書のすすめ

物質文明が来るところまで来て、精神の輝きが捨て去られています。あらゆることがごまかしで、世の中全体が享楽主義に傾いて来たと言ってもいいのではないでしょうか。道しるべとなる、お手本となる老人が少なすぎる時代となってしまった。本当は老人とは、未来への道しるべでありお手本でなければならないのです。本当の未来への希望は、若者ではなく老人の姿にこそあるべきなのです。こういう時代なので、われわれが未来を拓く老人となるために現在できることは、読書しかありません。テレビでは物足りません。なぜなら、テレビは与えられるものだからです。自分から立ち向かうもの、自分で努力して摑んだものしか、自分の身にはつきません。読むという行為は疲れるし、努力が必要です。だから、いいんです。これも一つの「毒を食らえ」です。楽をして得られるものはありません。苛酷で辛い毒を、自ら率先して食べ続けるしかないのです。

秀れた人の哲学や文学に触れ、本と一体になり、そこにある思想を垂直に立てて、気に入った思想を信ずることです。信ずるという生き方そのものが、極めて重要です。もちろん、信ずる思想そのものは、本の中で自分が心の底から感応するものでなければなりません。先人たちの苦悩と希望を受け取ることこそが大切なのです。傲慢な人間は、無知で弱い老人に成り果てるだけです。

インド独立の革命家マハトマ・ガンジーも読書の人でした。「私にとって死とは、『ギーター』を読めなくなることである」と言っていたと伝えられています。

古代インドの聖典『バガヴァッド・ギーター』をそれほどに愛読していたのです。『バガヴァッド・ギーター』の中に、「私は火であり、供物《くぶつ》である」という言葉があります。その思想は、また私の信念にもなっています。私自身の魂が、その思想に打ち震えたからです。自分自身の生命が、火でありながら、一方で何ものかに捧げられる供物であるという思想は、私の生命の根本思想を形創るほどに年とともに発展してきました。これこそを、私は愛の本質と思うのです。

もちろん、そうなりたいと願っているだけで、まだその道は果てしなく遠くに煌めいています。しかし、自分を供物だと考える、つまり何ものかに自己を捧げる生き方が最高であることを『バガヴァッド・ギーター』は教えてくれているのです。ガンジーが愛した『バガヴァッド・ギーター』を、私は自己の武士道精神を支える根本の書物の一つと思っているのです。素晴らしい本です。涙が流れます。ガンジーは「老いの美学」を全うした人間の一人だと言っていいでしょう。その「老い」を支えていた本こそが、『ギーター』なのです。人はみな、先人の英知によって、自分の人生と老いを支え続けて来たのです。

活版印刷を発明したグーテンベルクの時代以降、秀れた人はみな秀れた書物に出会い、それを信じ、自分の中の垂直を見つけてきました。もちろん、それ以前は、人伝えに聞いた直接の「言葉」であったことは歴史が証明しています。人間は、そのようにして愛を語り、宇宙を語ってきました。人間世界は宇宙の投影図です。宇宙を見ることで、人間と文明の本質を見いだそうとして、多くの人物がその身を捧げてきました。宇宙と生命、そして人間の歴史を本当に研究すれば、そのすべてが「愛」の物語であると必ず認識できるはずです。その認識が、美しい老いには必要なのです。

私が英国の歴史家アーノルド・トインビーの『歴史の研究』を愛してやまないのは、トインビーが情熱的な「愛」の信奉者であったからでしょう。トインビーは宇宙に思いを馳せ、その視点から人間の歴史を書いているので、文明の本質が見えるのです。文明を貫徹する思想として「愛」を見出し、その大切さを力説しているのです。『歴史の研究』が素晴らしいのはこの点にありました。そして、この本もまた、私の武士道精神を支えてくれる書物となっていったのです。私の精神は、このようにして先人たちの「涙」によって育まれてきたのです。そして、私もまた老いの道程を歩みつつあります。私は、先人の言葉を仰いでいるので多分、人間らしく老いて行き、人間らしく死ぬことが出来るだろうと自分では信じています。

死者とともに生きる

つまり、老いの美学は、先人たちが築き上げた哲学から出てくるものです。老いの美学は、武士道の言葉では矍鑠と表現されると何度か述べました。その根本は不幸を受け入れ、呻吟する精神を養うことにあります。それが、毒を食らえということなのです。「耆」という秀れた老いの領域に入るには、老いのことばかりを考えていてはたどりつくことは出来ません。死のことを考え、宇宙のことを考え、愛のことを考え抜いた先に「耆」があるのです。

自分らしく、よく老いて行くには、まず死に方を決めることに尽きます。自分が、どこへ向かって、どのように死ぬのかをまず決める。そして、それを考え続けるのです。そのためには読書が必要です。読書を通して、自分の中の垂直を見つけなければなりません。それが決まらない限りは、どう生きるかが決まりません。秀れた人は若い時期にそうした垂直を、どう生き、どう死ぬかを決めたものです。もちろん、若いうちにそうなるにこしたことはありませんが、年を取ってからでも、本人が望めばいつでもそうなれるのです。私は、年老いてから自己の垂直を見出した人間を何人も知っています。その最年長者は、九十代後半の人物でした。

また、昔の元服という儀式は、もともとが自己の垂直を見つけるための儀式だったのです。私が尊敬する埴谷雄高は、十五歳のときに父親から先祖代々の短刀を渡されたそうです。そして、その意味を聞かされた。「一人前の男として認める以上、自分の名誉を自分で回復できないときには、この短刀で死になさい」ということを言い渡されたそうです。名誉のために武士道的な意味で死ねということは、裏返せば生き方を決めろということなのです。

私が埴谷雄高を好きなのは、不可能を描こうとする文学に挑戦したからです。その気概の始まりを、この父親から言われた元服に感じているのです。その『死霊』は未完で終わります。それは、絶対に描き得ないというものに挑戦したからです。埴谷の気概、埴谷の生命エネルギーのあり方を、私は愛するのです。天を目指す、その苛酷の中に真の人間の人生を見るのです。永遠へと向かうその姿勢に、私の魂は震撼するのです。『死霊』は、分かろうなんて思って読んではいけません。分かろうと思った時点で、実につまらない文学になります。埴谷雄高が永遠に挑戦した、その生命の「涙」に触れようとするのです。そうやってこの本と向き合うと、宇宙が自分の生命の奥深くに語りかけてきます。宇宙の脈動が、自分の生命の核心に「生きることの真実」を語りかけてくるのです。つまり、老いとは何かということです。

美しい老人になるための条件とは何か。それを一つの言葉でいうと「人間を人間たらしめる〈何ものか〉を、自分の中に受け入れること」となります。その「何ものか」は、もちろん人間というものを超えた何か崇高で高貴な宇宙の本質的なものと言えましょう。人間的に生きようと願うなら、肉体的な人間ではないものに向かわなければなりません。人間よりも、もっと上のものです。文明よりさらに上の、永遠の彼方に煌く希望のともしびとでも言ったらいいのでしょうか。私の場合は、読書を通じて、死者とともに生きて来ました。本を通して、歴史における好きな人物の生命エネルギーとともに生きて来たのです。その人々の生きるための憧れを、身近に感じてきました。それが私にとっての「人間を超えた何ものか」に他なりません。ただし、それらは「燃ゆる魂」ですから、自らが求め苦しんで摑まなければならないものなのです。自分の力で摑むのです。

何よりも、生命というのは自分固有のものですから、他人の助けを受けたらすべてが瓦解します。家族だろうが、友人だろうが、他人の助けを受けたら生命の本質は瓦解するのです。生命とは自己固有であり、宇宙から自分自身に直接与えられた、崇高で高貴なエネルギーなのです。誰れの生命も、宇宙生成の巨大なエネルギーの一端なのです。宇宙生成の力が、我々の生命を生かしてくれているのです。微塵《みじん》だが、永劫《えいごう》につながっている。つまり、我々の生命は、宇宙の深淵に直接つながっている。そして、それは誰とも取り換えられません。それを本当に愛することが、つまりは我々を真の老化へと導くのです。私の生命論の核心はそこにあります。

従って、現代のような、終末の文明が生み出した「社会保障の思想」は、生命の敵ということになります。社会保障は自分の生命の「安売り」の思想なのです。金銭、つまり「食物」を恵んでもらえば、自己の生命が死んで行くのです。だから、たとえ社会保障の恩恵を受けたとしても、それに頼ろうとする精神を持ってはならないのです。あくまでも自分の力で立つ。特に、自分が「楽」をするためには一切使ってはいけません。それに頼りきっては、ならないということです。保障や福祉を全面的に受け入れれば、これまで書いてきたことのすべてが瓦解します。生きることは、自分だけの力でやらなければだめなのです。厳しいことを言いましたが、それが生命の本源なのです。頼るべきは自分の生命の力だけです。それを信じなければ、天と繋《つな》がることは出来ません。他人の助けを受けては到達することが出来ないのです。

私の本の読者から、私の話は難しい、分からないとときどき言われます。でも本当は、「分からない」のではなく「分かろうとしない」のではないでしょうか。私自身は、たいしたことを述べているわけではありません。理解するのに知性はいりません。必要なのは勇気だけだと思っています。私は、自分が信ずる生命論を語っているだけだからです。自分がそういう生き方をしたくなければ、拒絶するしかありません。知性ではありません。

私が若き日に知遇を得た文芸評論家の小林秀雄が、かつて私にこう言いました。「知性は、勇気のしもべである」と。当時、日本最大の知性と呼ばれた小林秀雄がそう言ったのです。これが読書の本質なのかもしれません。つまり、生き方とその結末である「老い」の本質ということです。

今の世の中、江戸時代などに比べたら簡単に本が手に入ります。けれども、簡単に手に入るようになればなるほど、人は本を読まなくなりました。やはり、人間の生命は辛苦を必要としている一つの証左かもしれません。本が手に入らなかった時代、多くの青年が飯も食わずに本を読んでいたのです。本当に本を買うために飯も食わなかった人々を私は何人も知っています。

先ほども言ったように、私の親友であった戸嶋靖昌は「良い芸術には、祈りがある」と言っていました。私はその戸嶋になぞらえ、「良い書物には、祈りがある」と最後に言いたいと思います。

吉田　晋彩

――主を起こす

吉田　晋彩

よしだ　しんさい

1937（昭和12）年生まれ。
6歳より表千家の茶道、能の加賀宝生流、華道古流を学ぶ。
1960年、名茶人、伊藤荘堂に師事。
1963年〜臨済宗本山大徳寺　14代管長・福富雪底老子のもとに師事し参禅。
1972年〜現在まで、埼玉県　八潮市で表千家吉田晋彩茶道教室を開く。
南坊録研究者。

海女の蓑

故知《こーちー》般若波羅蜜多《はんにゃーはーらーみーたー》是《ぜー》大神咒《だいじんしゅー》是《ぜー》大明咒《むーじょうしゅー》是《ぜー》無上咒《むーじょうしゅー》是《ぜー》無等等咒《むーとうどうしゅー》能除《のうじょー》一切苦《いっさいくー》真實《しんじつ》不虚《ふーこー》

これは摩訶般若波羅密多心経の一節です。

すなわち、故に知る般若波羅蜜多（一切知に帰命する）は、是れ大神咒（霊妙不可思議な言葉）なり。是れ大明咒（光明真言の永遠の光）なり。是れ無上咒（最上の咒文）なり。是れ無等等咒（何者にも比較できない咒文）なり。能く一切の苦を除く真実にして虚（邪念や私欲が無い）からず。

この経を得ることができれば一切が空で、その空が色に即した空、すなわち色即是空、空即是色となります。

一切を脱捨てることのできない、すなわち、覚悟のできない人は空を悟ったとはいえないのです。

潔く覚悟して蓑を脱捨て海に入る海女の句で思い巡らしてみましょう。

〝浜までは海女も蓑着る時雨かな〟


この句は江戸時代中期の俳人・滝瓢水《たきひょうすい》の作です。

この光景をちょっと想像してみてください。

海女さんが海へ入ろうとしています。すると、折から時雨が降ってきました。

海女さんは蓑で体を覆いながら雨を避けて浜辺まで走ります。

蓑は今でいうところの雨合羽ですね。藁で作った蓑を着て体を温めながらその淵に着き、蓑を脱いで海の中へ入ります。


海女さんは海に入れば濡れます。それなのにどうして雨に当たるのを避ける必要があったのでしょうか。

実は、体を厭《いと》う、その心が大切なのです。ゆうに優しい凡情こそ、数えられる多くのものがあります。

海は「死」を表していると思えば、私たちはみな、海へと走る海女さんと同じです。

時雨は、人生そのものといえるでしょう。生きておりますと、世の中ですからいろいろなものが降りかかってきます。それでも、一枚の蓑を着ていれば体を守ることができます。

それでは蓑とは何か。それこそが禅であり、禅によって鍛えられる心のことです。また体を厭うという行為は慈悲で、ゆうに優しい凡情です。人生においてどんなものが降りかかってきましても、禅を知り、そこから慈悲がほとばしり出れば、すべて解決できます。人生を海女のように潔く蓑を脱捨て、覚悟を決めて海に入ることができれば一番平和ではないか。と、考えるわけです。

現代においては、死を悪しきものと避ける風潮がございます。ですが、死を考えるとは生きる上での絶対条件です。

なにしろ私たちは、生まれた瞬間に死を覚悟してこの世に出てくるわけです。「おぎゃあ」と泣いたその瞬間から死を覚悟しています。けれども、周りの大人たちは「あぁ、うれし」と言ってそれに気がつきません。だから本人も、ただそれを知らずにいるわけです。

禅者は、死がそこにあることを覚悟するために修業をします。たとえ悟りを得ても修業は終わりではありません。何度も繰り返し修業します。

心の主《あるじ》を起こす

現代社会は、やはりどこか欠陥が生じているように感じます。これからは禅に入っていかないと心の世界が開けないと近頃の識者はいいますが、私もそのように考えます。

いまの世の中はあらゆるものが有り余っています。食べるもの、着るもの、すべてが有り余っています。そういうことですから、みなさんの中には、幸福の輪の中にいるような感覚の方もいらっしゃるかも分かりません。

ところが、仏教が日本に伝来して以来、こうした〝有り余る〟世の中だったことはありません。ですから、私たちはこれまでに経験したことのない世界に入っていくことになります。そうした中でどういう人間が生まれてくるか。それを心配しております。

それが少し現れていると思うのが、若い方の心の問題です。人生で何かにちょっとぶつかると崩れてしまう方がこの頃は増えてまいりました。自殺者は年間二万人とも三万人ともいわれます。日本は何という苛酷な世界に入ってきたのかと思います。

近年は働く女性も増えてきました。つまり女性も、時雨が降りかかる危険な世の中に入っていくのです。これは男としては守らなければなりません。

こうした世の中にあっては、みなさんが個々に持っている心の中の「主《あるじ》」をぐっと起こすことが大切です。言葉を換えれば、主をたたき直す必要があります。いまは主が寝っ転がっている方が多く見受けられます。一人ひとりがしっかりと主をたたき直さなければ、これからの日本はどうなってしまうのか、とても心配です。

それには禅が近道であると考えます。

世の中にはさまざまな宗教がございます。多くは教えに信をささげ、それが示すところに従います。しかしながら禅は教えられるのではなく、あくまで自分の力で打開せんとします。すなわち自分の身をたたき直す宗教であります。

私は茶人ですから、お茶の中に入って主を鍛えるということをいたしております。茶禅一味と申しまして、お茶と禅とは切っても切り離せません。茶の道は修業。茶人はお茶を通して禅の修業をいたします。

奔走する

たえず主を鍛える。このことが大切です。

お茶事にあたっては、亭主はお客さまを迎える前から奔走《ふんそう》します。奔走、すなわち走り回るということです。走り回ってお客さまにお茶を差し上げる。走り回るといっても、本当に茶室を走るわけではありませんよ。相手に対して、心と一緒に奔走するということであります。

ですから主が大切です。主がしっかりとしていないと、私たちはつい間違えてしまいます。間違えるとは、お客さまに失礼をはたらいてしまうということです。相手に対しての奔走、それは翻って自分に対して奔走することにつながります。

お客さまがみえる前に亭主はまずしっかりと露地に水をまき、お客さまをお迎えします。お客さまが茶室に入る頃合いには「松風《まつかぜ》」といって、釜のお湯がちぃ〜〜〜〜と沸くように準備を整えます。

松風というのは五音の一つです。五音、すなわちお湯が沸くまでの音を五つの音で表現したものです。

五音の第一は魚の目（魚眼）といいまして、お釜の中に魚の目が出るように、ポッと水泡が浮かび始める状態を呼びます。

それがすぅーっと上がって蟹の目のようになります（蟹眼）。

そしてこれが切れて上に上がるときにチッチという音が出ます、これを蚯蚓《きゅういん》と呼びます。蚯蚓とはミミズのことです。ミミズの鳴き声を聞いたことがある方もいるでしょう。チッチという音はまさにミミズの鳴き声のようであります。

それが終わりますと、いよいよ松風で、ちぃ〜〜〜〜というようになります。

沸騰寸前の状態です。

それからお湯が百度近くになると、ゴロゴロゴロゴロと雷のような音がいたします。これを雷鳴と呼びます。ここまでが五音です。お釜に火をくべ、沸騰するまでの段階を音で表現したものです。

そして最後に、雷鳴は峠を越えます。この雷鳴の峠で薄茶を点て、先の雷鳴で濃茶を差し上げます。

雷鳴のあとの静寂。これがすなわち安堵の境地であります。

強きこと

昔から武士たちは戦に出る前にお茶を一服いただきました。もうこれで死ぬかもしれん、あるいはまた生きて戻ってこられるかもしれん。そう思い、お茶をしっかりと喫したものです。

死を覚悟する、そのときに茶の湯が使われました。死んでもいい、生き残ってもいい。それを天にまかせる。死とはこういうものであると受け入れた瞬間に、人は恐れるものがなくなります。恐れるものが何もない状態ですから、これほど強いものはございません。

そしてひとたび戦場に出れば誰よりも強さを発揮します。けれども、戦が終わればすっと慈悲の世界に入る。これが本当の強さです。

強さというのは力の強さでも、単なる気の強さでもありません。禅の中で正常な鍛え方をした先に真の強さがあります。現代人にはこの強さが必要であると、私には思えるのです。

人として恥ずかしくない、どこから見ても恥ずかしくない、みんなが正しいという行いをすることが、人の生きていく道であります。筋道がまっすぐに通っている。これを道理といいます。

ここに山があります。みんながその頂点をめざします。しかし、こっちからも、あっちからも、頂点にいたる登山道はいくつもあります。めざすところは同じでも、そこへ上がっていく道は違うわけです。

それを、自分の道だけが正しいというのではなく、個々の良さを認めることが大切です。それぞれがそれぞれの経験をしながら頂上をめざす。その頂上にあるものは何か？

それが真理であります。

世の中にはさまざまな宗教がございます。つまり、さまざまな登り方があるということです。何千年という歴史の中で培われたたくさんの宗教、中には間違ったものもありましょうが、何か一つが正しいのではなく、自分にとって一体どれがよいのかをそれぞれが追求して、信じるものを持つということが肝要でありましょう。

ところが、こちらが正しい。そちらは間違っているといっては戦争が起こっています。宗教が戦争の一つの原因になっています。どうもその大事なことを忘れてしまっているようです。

和敬清寂

お茶の所作の一つに帛紗《ふくさ》さばきがございます。帛紗とはお茶入れを拭いたり、釜の蓋をとるときなどに用いる布です。その扱い方を、帛紗さばきと呼んでいます。

帛紗のさばき方にもいろいろございますが、濃茶入などの大切な道具を清める場合には四方《よほう》さばきを行います。

四方さばきは帛紗を正方形に広げて、帛紗の四片を順繰りに回しながら清めます。それから塵打ちといって帛紗を緩めてから軽く引っ張り、ポンと音を立てます。そして丸く折って棗《なつめ》、つまりお茶入れを拭きます。

この四方さばきには大切な意味があります。四方とは東西南北のことです。東西南北、四方を清めますが、縦のものを縦にしても、横のものを横にしても、人間世界には争いが生じます。それが生じたときに音を発します。声を発して争いをおさめます。お互いに争わせない。そして争いを丸く収め、「こ」の字を書いて棗を拭きおろします。

「こ」の字には超えるという意味がございます。「こ」はいろは四十八字の三十三番目です。三十三番目は陰陽でいうところの陽です。「いろはにほへと」から続き、「うゐのおくやまけふこえて」となります。この「こえて」というのは悟りの境地なんですね。それで「こ」の字を書いて拭きおろす。私はもう悟りましたという、そういう意味がございます。

帛紗さばきに見られますように、お茶は和を大切にします。

濃茶を召し上がるときは、みなさんが一つのお椀を回し飲みます。

実は、こうした飲み方は五〇〇年ぐらい前に始まったのでありまして、最初は一人に一つずつ台に載せた天目茶碗で召し上がっておりました。それが、だんだんと争いごとの多い世の中になり、これではいけないということになって、部屋の中での和睦、すなわち一つのものをみなさんで回し飲むというようになったのだと思われます。

和睦を結ぶ。お茶はこうした精神を大切にしています。

和敬清寂《わけいせいじゃく》という言葉があります。よく和し、よく敬し、よく清し、よく寂する。それが和敬清寂です。

まず和があります。和というのは和《なご》やかなということですね。けれども和やかばかりではなぁなぁになってしまいますから、その間に敬がなければいけません。和を以て包み、相手を敬う。そして清らかな心でもって、静かであること。寂は幽玄でありましょう。幽は幽《かす》かということ。秋の日の夕闇迫る頃の感じであると書いた方がいらっしゃいましたが、そのような状態です。和敬清寂。こうなればしめたものです。

所作と意味

帛紗さばき一つを取り上げても、さまざまな意味があると申しました。

しかし現代のお茶の世界では、こうした所作が形骸化してしまい、意味が忘れ去られ、単なる形となっているように思われてなりません。

お茶の所作の一つひとつには意味がございます。けれどもそれを本当に理解して実践されている方はそれほど多くはありません。

茶筅《ちゃせん》通しという所作があります。

茶筅通しは仏教の中でも、密教の「らんぱんうん」からきています。

最初は「らん」です。これは陽であり、「生まれますよ」「動きますよ」ということを表しています。

次の「ぱん」は陰です。静かに、ということを意味します。上げ下げ、上げ下げ、コンと打って茶筅を見ます。折れてないかと思ってみるわけです。折れていたら大変です。竹ですからね。

そして最後にスッと茶筅を通します。こうしてお茶碗の中で陰陽が和合いたします。その和を飲んでいただくのです。

このようにお茶の世界はすべて陰陽が基本になっています。

風炉でお湯を汲むときには、お湯は陽ですから手のひらを上にいたします。手のひらは陽です。水を汲むときには、水は陰ですから柄杓を上から持ち、手の甲を上にいたします。手の甲は陰です。

またお湯を取るときには深いところ、下は陰ですから、陰を取ることで陰陽が和合します。水を汲むときには浅いところ、上は陽ですから、陽を汲むことで陰陽が和合します。

すべてが陰陽で成り立っています。一つひとつの所作は陰陽の考え方が礎となっています。

お客さまは東から入ります。亭主は西から迎えます。東は太陽が上がります。ですから陽です。反対に西は陰です。太陽が上がる方からお客さまが入り、沈む方から亭主が迎える。このように、すべてが陰陽で成り立っているのです。

男らしさと女らしさ

陰陽というのは、簡単に申しますと影と日なたです。

陰陽は一つの太極から生じます。陽が生まれて、陰がそれについてきます。陽が消えれば陰も消えます。陰がなければ陽もありません。ですから、どちらが上位ということではありません。陰陽が消えたとき、最後に残るのは太極です。太極あるいは無です。ものごとが陰陽で区別されているとしても、もともとそれはなかったものです。

人間の中には心があります。心、すなわち理です。理が動いたときに気を発します。気が動いて陽が生まれます。陽が静まって陰が生まれます。陰はまた動いて陽になります。その繰り返しです。

数に当てはめれば1は陽です。2は陰です。以下、3(陽)、4(陰)、5(陽)、6(陰)、7(陽)、8(陰)、9(陽)と続きます。9を超えると新たに0になります。9は末です。

9という数字を日本人は苦と結びつけてしまうのであまり好みませんが、9は終わりの始まりであり、非常によい数字です。

気が動く、すなわち風が吹けば波が立ちます。風がやめば陰となり瀞になりましょう。これを繰り返しているわけです。自然は陰陽で成り立っていて、お茶はそれを体現いたします。ふっと気づくと、前にも後ろにも、右にも左にも、四方八方に陰陽が連なっている。こうしたことが分かってきますと、お茶が非常におもしろくなります。

とはいえ、陰陽などといっても初めはもちろん分かりませんから、まずは形を覚えていくわけです。すると次第にこれが陰に当たるのだ、これは陽に当たるのだと分かるようになってきます。ですから、昔の人たちは教養としてお茶をやりました。昔は陰陽が家庭の中に入っていたのですね。

ところが明治になってそれが壊れていくわけです。

明治以降、茶道はいつのまにか女性の習い事、花嫁修業のようにして広まったために、お茶というと女性のイメージが強くなっていますが、本来はそうしたものではありません。男の人は男らしく、女の人は女らしく。それが茶道であります。

男らしさというのは、絶対にこれに責任を持つぞというような気構えでありましょう。強さと言い換えてもよいかもしれません。

女らしさというのは、やはりやさしさでしょうね。そして美しさ。

男性は強く、女性は美しく。茶道を通してそれが自然に身についてきます。

たとえば坐る動作一つをとっても、男性は大きく膝を振って回ります。女性は手をついてそっとやさしく回る。一つひとつこうした違いがありますから、男性の点前と女性の点前は違うのです。

お茶を通して所作が変わりますし、言葉も変わります。言葉が変われば、お考えも変わりましょう。

茶道と武士道は根っこが同じです。

お茶碗の中のお茶を飲むときには、青い空も青い海もぐーっとすべて飲み干すような、大きな心が大切なのです。

昨今は、本当になよっとした男性が多すぎますね。お茶を復興させなければならないと、切に感じます。

□△○

お茶の世界では時・所・位によって作法が変わります。天皇陛下にお茶を出すときに一般のお客さまと同じように出すわけにはいきません。たとえば位のある方には天目茶碗を台に載せてお出しします。それも金の覆輪の天目茶碗を用います。道具だけではなく、所作の一つひとつまで異なります。普通の点前ではなく、真《しん》の点前を行います。真のほかに、行《ぎょう》の点前、草《そう》の点前があります。この三つを並べて真行草といいます。

真行草はお茶だけではなく、日本のさまざまな文化の中にあります。よく知られているのは書です。みなさんは「楷書」「行書」「草書」をご存知でしょう。楷書はゴシック体に似たまっすぐな文字です。行書はそれを少し崩した形、草書はミミズが這ったような書体です。

真行草はそれぞれ四角、三角、円につながります。真は四角。一点から一点へまっすぐに落ちて、それが延長して四角になります。行は六〇度の回転をしながら三角になります。草は絶対的な力を得て円になります。草書は気迫で書くから角がありません。ところが書き順はどうでもいいからと形を似せたところで、さてなんと書いてあるのか分かりません。

織部焼というのがありまして、お茶碗に四角(□)や三角(△)、円(○)が描いてあります。知らない人は「幾何学模様でおもしろい」とおっしゃいます。けれども、□△○はまさしく真行草を表します。織部焼はお茶の世界には真行草がありますよ、ということを示しているのです。

茶室に欠かせないものに炉《ろ》があります。炉は、畳の一部を切って床下にしつらえた囲炉裏のことです。炉の形は一尺四寸四方の四角です。四角は真です。炉の中に五徳と呼ばれる釜をのせる器具があります。これには三つのツメがあります。ツメを結ぶと三角になります。つまり行です。そしてお釜の形は円です。これは草を表しています。すなわち、炉の小さな空間の中に真行草が含まれています。

さらにいえば、茶室には陰陽五行思想における万物=木火土金水が含まれています。

木は炉縁《ろぶち》、火は炭、土は炉の灰、金は釜、水は釜の湯といった具合に。つまり茶室はこの宇宙の縮図、小宇宙なのです。

美しきこと

西洋には黄金分割法という絶対美を表す理論があります。黄金比などといわれるものです。

東洋にもやはり美の理論があります。易の天地五行説から割り出した「曲尺割《かねわり》」と呼ばれるものです。

みなさんは七五三をご存知でしょう。現代では、子どもの成長を祝う行事として残っていますが、もともとは古代中国の洛書《らくしょ》という書物に由来します。図は、洛書の方陣と呼ばれるものです（図1）。

この図には東西南北が示されています。東の反対に西があり、南の反対には北があります。

さて、北は寒いところです。寒いところには温かいもの、つまり陽が生まれます「1」。そしてこれが動きます。動くということは右回りに奇数の基本数である「3」を掛けていきます。すると東に「3」が生まれます。次に「3」に基本数の「3」を掛けます。そうして南に「9」が生まれます。「9」に「3」を掛けますと「27」となりますが、2桁の場合には10の位を取り除きます。すると「7」になります。西には「7」がきます。「7」に「3」を掛けますと「21」になります。10の位は取り除きますから「1」となります。北の「1」に戻りました。

さて、「9」は末であります。ここからは陰の数が生まれます。それで「2」という数字が出てきます。「2」に偶数の基本数である「2」を掛けると「4」

図1　洛書の方陣

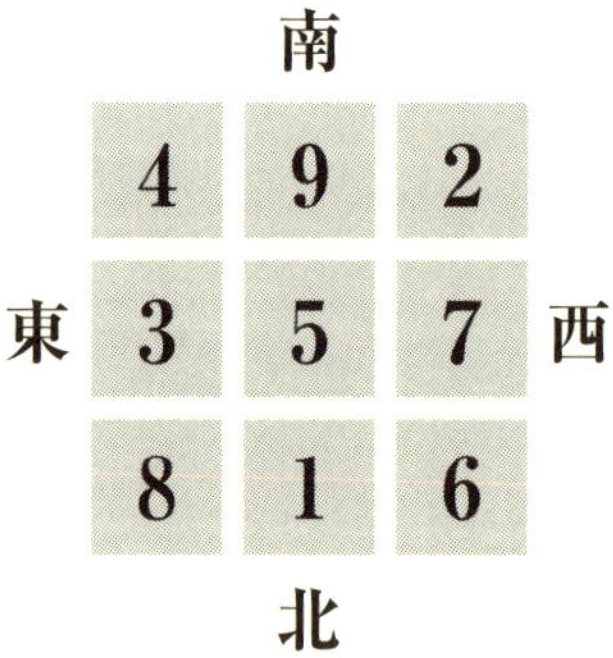

になります。「4」に「2」を掛けると「8」になります。「8」に「2」を掛けると「16」となり、10の位を取り除いて「6」が生まれます。「6」に「2」を掛ければ「12」ですから「2」に戻ります。

そして中心には「5」がきます。これで洛書の方陣の完成です。

七五三はこの図にある横に並んだ陽数をとってお祝いをしたものなんですね。ここに並んだ数字ですが、それぞれ縦・横に足してみてください。東から西へ「3」「5」「7」を足すと「15」になります。南から北へ「9」「5」「1」を足すと「15」になります。斜めに「4」「5」「6」を足せば「15」になります。どこを足してもすべて「15」になります。

「15」は10の位を取り除けば「5」です。「5」、すなわち中心にかえります。これらは決して偶然ではありません。自然界がそうなっている、それを表したに過ぎません。

さて、曲尺割はこれを基本といたします。お茶の世界では五つ曲尺《かね》がよく用いられます。法隆寺を建てたときの寸法の取り方も五つ曲尺です。

ほかに三つ曲尺、七つ曲尺などというものがありまして、お茶の世界は実に厳格にこれでできあがっています。茶室もそうですし、台子《だいす》もそうです。空間そのものにも応用され、道具を置く位置すらも曲尺割で絶対値を割り出して決まります。どこに置いてもいいわけではありません。そこに置けばすっと落ちつくという一点がある。そこが美の極点なんですね。

お茶の世界だけではありません。絵も書も花も塗り物も焼き物も、およそ日本の芸術品といわれるものは曲尺割が基本になっています。名物といわれるお茶碗は、その大きさや割合が絶対値にピタッと重なるのです。逆にそうではないとおかしい。

ちなみに普段われわれが使うものは、絶対値をわざと外した近似値になっている。これもまた美学なのです。

曲尺割はデザインにも応用できるでしょう。美の極点を求めれば、自然の理に適った絶対に美しいデザインができあがるはずです。

人の顔にもそれが当てはまりましょう。目鼻口眉のバランスが曲尺割に沿って配置されたお顔は、それは美しい。けれども、実際には少しずつ絶対値を外したところにおかしみがあり、愛着が湧くものでありましょう。

話が逸れましたが、河図洛書《かとらくしょ》の理論は昨日今日できたものではありません。四〇〇〇年続く理論の体系です。難しいようですが、本当は簡単なことなのです。絶対値ですから、異を差し挟む余地はありません。

「南坊録」という書物がございまして、これは南坊宗啓《なんぼうそうけい》が利休に教わり、お茶の根源にあるこうした理論を説いたものであります。お茶は理論があって、技があって、心があって、その三つが和してはじめて成立をみます。ただ作法をまねているだけでは本当のお茶の深みというのはみえてきません。

すべては絶対的な理論に基づいていますから、本来はお茶の中で流派が生まれるのは不自然なことです。あまり苛酷なことをいうと嫌われてしまいますが、道理を分からずにお茶をやっている方が近頃は多すぎるように思います。道理の通らないデタラメがまかり通っているのは憂慮すべきことです。

無差別の世界へ

お茶のベースには易学がございます。易という字は「日」と「月」から成ります。太陽と月です。それを合わせて易という字が生まれました。

お茶の世界は日と月、すなわち陰陽の世界を表します。この世の中は陰と陽でできていることを表現します。男女もそうですし、東西南北、四方八方、すべて陰陽で成り立っています。

その陰陽の世界でもめごとが起きている。さぁ、そこで、これより脱してみようではないか。そういうことを、たとえば帛紗さばきのたとえでも申しましたとおり、さまざまな所作、しつらえをもって表現しています。陰陽とは差別の世界。これをポッと乗り越えて無差別の世界に入る。無差別の世界に入ったとき、初めて真理を見ることができます。

すり鉢を想像してください。

すり鉢で何かをすっています。われわれ人間はちょうどこのすり鉢の中にある具です。すり鉢の中にある限り、己がどうなっているのかよく分からないでしょう。さて、そこで、これをすっと乗り越えてすり鉢の縁に腰を掛けてみる。するとどうでしょう。中の様子が手に取るように分かるわけです。これはこうしたらいい、そこはもうちょっとこうしよう。そんなことが見えてきます。これが無差別の世界に入るということです。

色即是空という言葉があります。色は森羅万象です。それに対して空は無を意味します。空とはつまり、何もないということです。何もないけれどもただあるのです。

色と空は正反対の概念です。ですが色即是空という言葉が表すように、仏教では色と空は同じであると説いています。色と空は同じ、一つのものです。互いに正反対ですが、正反対のものが一つに合わさっているということです。

色が空であり、空は色である。なんだかよく分かりませんね。けれども、その境地に至るのが無差別の世界に入るということです。

私は修業時代に「〝ある〟だの〝ない〟だの言うな」と教えられました。あるとないの世界を乗り越えなさいという意味ですが、その先は教えてもらえません。正確にいうと、教えられないのです。求める人がつかんでこそ、それがかなうのであって、こうして言葉で説明しようとすると、ただゴチャゴチャするばかりです。それを捨て去って、その上を乗り越えたときに、何もかもが見えてきます。これを開眼とか、悟りと呼んでいます。

あるときついに真理の頂上にたどり着きます。ところが、分かったと思っても、その途端にまた消えていってしまいます。分かっていてもあるときにすぅっとそれがなくなってしまいます。

けれども、一度沸騰したお湯はなかなか冷めません。ちょっと火を入れるとまた沸点に達するように、ふとまた無差別の境地に入ることができます。それには心の火を絶やさないようにしておかないといけません。心の火とは、「なぜ、自分は生きているのか?」ということをしっかりと心に問いかけ続けることです。火を絶やさないように、真理を求めることです。

真理に到達するというのはなかなか難しいことです。でも、そこにあるものだと気が付いたときに初めて、「あぁこういうことだったのか」と肚に落ちます。

そこに一度達すれば、ものごとに対する見え方が全部違ってきます。

仏教の本位は、差別の境地と無差別の境地の両方を上手に扱うことにあります。どちらか一方ではありません。両方を扱います。

お茶の世界も同じことです。お茶ほど差別心というものを大切にしている芸事はほかにないでしょう。お客さまの位に応じて器を変え、掛け軸を変え、点前の作法を変えます。位に応じて道理を通すわけです。

けれども、心の内側は無差別の境地です。正客であろうと、ほかの客であろうと気の配分はみな同じです。

差別があって、無差別があります。

お茶の世界では、作法、しつらえその一つひとつに陰陽があります。そしてお茶は陰陽和合をめざします。陰陽がぴたっとなったところに太極が出てきます。太極とは差別心のない世界、つまり無差別の境地です。それは真理しかない世界です。ところが真理なんていうものは、語った瞬間に壊れてしまいます。言葉ではなかなか表すことができないのが無差別の境地です。

真理を求めるとはいっても、人間ですからときには揺れ動きます。けれども右往左往する心を、ぐっと起こして立て直す、その力が大切です。

私自身も坐禅をしますが、やはり脚を組んで大地に腰を下ろさないと、つい間違ってしまいます。それが怖い。自分が「だめだなぁ」なんて思うと、坐るんですが、そうやっていますと妻がやってきまして「まだ悟りが開けませんか？」などと茶茶を入れます。それがなんともいえない。マァ、一つの愛情ですね。

心を沸騰させる。それが必要です。

歩いても坐禅、走っても坐禅。私の師匠である雪底老師がよくおっしゃいました。歩いていても呼吸をしっかりとお腹の中に入れ、走っていてもしっかりと丹田に力を込める。下に力を落としなさいということでしょうが、坐れば自在にそれができます。

静坐でもよいでしょう。

肝心なのは心の問題です。すっと坐って、心をぐっと下におろして、清浄にして、見極める。坐っていて気持ちが良くなったら眠ってもいいんです。目が覚めたときに坐り直す。相手を正しく見るためには、自分の気持ちを正しいところに置いておかないとだめですね。自分の心の中にある主をしっかりと起こす。そのうちに善し悪しが極まって、真理を見ることができますでしょう。

どうも難しいことを並べてしまいましたが、まずは坐禅と同じで坐ってみなければ分からないものです。やはり一度は足の痛いのをがまんして坐ってみるのがよいでしょう。

坐るとはお茶をやってみるということです。そうして味わってみる。目で味わう、耳で味わう、舌で味わう、いろいろございます。

好奇心が動いたら坐ってみましょう。坐らないと何も分かりません。日本の芸事はどうもそういうところがありまして、能楽でも、唄でも、一度は声を発してみないと分かりません。仕舞《しまい》も一度は舞ってみないと、見ているだけではそのおもしろみが分かりません。

そうして、味わってみて、あるいは完成した人となりを見て、あぁこういう世界もおもしろいなぁと感じる人が十人に一人でも二人でもいたら幸いですね。

西田 文郎

――答えは問処（脳）にあり

西田 文郎

にしだ　ふみお

1949（昭和24）年生まれ。日本におけるイメージトレーニング研究・指導のパイオニア。1970年代から科学的なメンタルトレーニングの研究を始め、大脳生理学と心理学を利用して脳の機能にアプローチする画期的なノウハウ、スーパーブレイントレーニングシステムを構築。（社団法人）日本能率協会、中部産業連盟等の講師として日本の経営者、ビジネスパーソンの能力開発指導に多数携わり、数多くの成功者を生み出している。また、ビジネス界だけでなく、プロ野球、サッカー、陸上競技、体操などスポーツの分野でも科学的なメンタルトレーニング指導を行い、これまで多くのトップアスリートを成功に導いている。2008年、北京五輪で金メダルを獲得した、女子ソフトボール日本代表チームを指導し、『能力開発の魔術師』として注目された。

『No.1理論』『面白いほど成功するツキの大原則』他多数

究極の法則「天運の法則」

「知る」と「分かる」は違います。

『論語』の一節に「五十而知天命（五十にして天命を知る）」「七十而従心所、不踰矩（七十にして心の欲するところに従って矩《のり》を踰《こ》えず）」とあります。

五十で天命を知るとはいいますが、この段階ではあくまで「知る」だけです。七十になり、思うままに生きても、人の道から外れるようなことはなくなる。それが「分かる」ということです。「知る」と「分かる」はまったく別物です。

私もあと三年ほどで七十歳になります。実はかねてから七十歳になったら始めようと思っていたことがありました。

ところが六十五歳のときに私の計画にまさかのミスが生じました。脳梗塞で倒れて生死の境をさまよったのです。しかも普通の脳梗塞ではなく、とても始末が悪いタイプで、わずかに細い血管でつながっているものの脳の一番左側が機能しなくなってしまいました。長年摂取し続けた大量のアルコールとタバコが原因でしょう。

半身不随になってもおかしくないほどの重症でしたが、なにしろ私は脳の専門家ですから、医師から絶対安静を言い渡されても運動中枢に支障が出ないよう医師に隠れて懸命に足を動かしました。そのおかげで半身不随にはならずにすみましたし、本格的なリハビリを経て、いまでは普通にしゃべったり、歩いたりできるほど回復しています。

さて、そんなことですから、本当は私自身が「従心所、不踰矩」となる七十歳から始めようと思っていた「天運の法則」を、急遽前倒ししてオープンにすることにしたのです。

私が主宰する西田塾は、大脳生理学と心理学を進化させた科学的な手法を土台に〝成功してしまう本当の脳の使い方〟をお伝えしています。その勉強法には大きく分けて「強運の法則」「繁栄の法則」、そしてこの「天運の法則」の三つがあります。

「強運の法則」は経営者が競争相手に打ち勝ち、事業に成功するための法則です。

名経営者に共通する「強運をつかむ八つの資質」を説き明かします。「繁栄の法則」は幹部の方も活用できる組織力強化のための脳理論の勉強会です。そしてこれらの最後に来る究極の法則が「天運の法則」です。

人間の脳は三層構造になっています。一番外側にあるのが大脳新皮質。知性脳や理屈脳ともいわれ、これが発達したことで人間はほかの生物に比べて飛躍的に多くのことを考えることができるようになりました。よくいわれる右脳・左脳は、この大脳新皮質の右側と左側のことです。左脳はものごとを論理的にとらえて分析する脳、右脳はものごとの全体像を把握して感覚的にイメージする脳です。

大脳新皮質の内側にある二層目が大脳辺縁系です。感情脳とも呼ばれ、本能や欲望、感情を司ります。

そして中心部分にある一層目が脳幹や大脳基底核です。脳幹は反射脳といわれ、呼吸や体温調節など生命維持を司るもっとも原始的な脳です。

「強運の法則」「繁栄の法則」「天運の法則」は脳の三層構造と一対一対応の関係にあります。

「強運の法則」は損得を判断する脳、三層目の大脳新皮質です。「繁栄の法則」

は感情論に結びつきます。従って二層目の大脳辺縁系です。「天運の法則」は一層目「脳幹」や「大脳基底核」と関係しています。

人間はこの世に生まれて以降、親や兄弟、友人、学校の先生、社会から多くのことを学びます。けれども教えられなくてもできることがあります。呼吸、寒いところで鳥肌が立つ、心臓を動かす。これらは誰に教えられたわけではなく、最初から脳にプログラムされていることです。セックスもそうです。セックスは(上手いか下手かは別として)母親からやり方を教わらなくてもできてしまいます。こうした教えられなくてもできることの多くは第一層(脳幹・大脳基底核)のはたらきによるものです。

すごい!　伝承伝達

人類はサルから発達し、火の使い方を覚えて文明が生まれ、人間の脳は賢くなっていきました。

一八〇〇年代にはエジソンが出てきて、電気の大革命を起こします。白熱電球を発明したエジソンの〝功績〟によって夜が長くなり、そうなれば当然そちらの方もお盛んになって、地球上に人間がどんどん増え始めます。人口爆発の原因を作った一番の罪人はエジソンなんですね。

冗談はさておき、かの「発明王」も現代にあっては天才ではいられません。エジソンが発明したものの多くは、知識のある中学生ならホームセンターで部品を買ってきて同じものを作ることができるでしょう。

一九〇三年にライト兄弟が世界で初めて有人動力飛行に成功しました。けれども、現代の模型好きの高校生であればそれ以上のものを作ることができるはずです。二〇一六年の小学生はスマートフォンを使いこなしてあらゆる情報を収集し、分析する能力を持っています。十年前では考えられません。

それほど人類が蓄積する知識は加速度的に増大しています。そもそも彼らと私の世代の人間とでは、スタート時点での脳の情報量が違うのでしょう。

スティーヴン・ウィリアム・ホーキング博士は「人工知能に人間が殺される」

と言ったそうですが、彼は人間の脳のことがまるで分かっていません。

たしかに人工知能は人間の脳よりもはるかに優れたものに発展するでしょう。人間のＩＱは一般の人が一〇〇前後で、高くてもせいぜい二〇〇前後ですが、人工知能であれば二千にでも二万にも上げられるでしょうから。

ですが、エジソンやライト兄弟のたとえのように、これまでの歴史のなかで人間の脳は驚異的なスピードで進歩・進化してきているのです。ホーキング博士はこれを考えに入れず、人工知能にやられると心配しているのです。

あなたの良心は先祖のおかげ

人間誰しも善悪両面持っています。良い心だけの人はいません。悪い心だけの人もいません。そしておもしろいことに、脳を分析していくと良い心と悪い心はそれぞれ違う脳から発生しているのです。

悪い心というのは損得に関係することばかりですから、三層目の大脳新皮質で考えています。大脳新皮質が二者択一で損得を判断し、自分に得になることを選択します。つまり悪い心というのは自分の脳のおかげなのです。あなたの悪い心は、すべてあなたのおかげです。

ところが使命感のような良い心は理屈ではありません。損得の判断を超えたところにあります。これは、先祖からの伝承伝達なのです。あなたは親から「人様に後ろ指をさされるようなことをしてはいけない」と教えられたはずです。きっとあなたの親も同じことを親から教わってきたでしょう。つまり、あなたが行う良いことは、すべて先祖の伝承伝達のおかげなのです。

使命感、正義感、感謝心、優しい心はあなたのものではありません。なぜなら、理屈の脳である大脳新皮質ではなく、伝承伝達、すなわち脳幹や大脳基底核から出てくるものだからです。

悪い心は自分のおかげ、良い心は先祖のおかげです。

魂を燃やす

私は以前、僧侶の無能唱元《むのうしょうげん》さんと雑誌『致知』で対談をしたことがあります。そのときに「仏教はすごいですね」という話をしました。

仏教の何がすごいかといえば、脳の仕組みが解明されていない時代に心と魂をハッキリと分けて考えているのです。

心は、大脳新皮質の右脳（イメージの脳）と大脳辺縁系（感情脳）の連動です。ですから心は「どうしてあのときあんな悪い心を起こしてしまったのだろうか？」と脳に問いかければ、「そうか。あのときあんな気持ちになってしまったから悪いことを言ってしまったんだ」などと、答が返ってきます。脳が覚えているからです。

ところが魂は意識ではどうにもなりません。魂の領域は、脳の分野でいうと、脳幹と大脳基底核に当たります。昔の人は脳の三層構造を知らないにもかかわらず、仏教では、意識ではどうにもならない領域があることをきちんと分かっていたのです。

魂というと、われわれは条件付けで良いもののようにとらえています。ですが、本能の脳の基本は弱肉強食です。たまたま地球上の生物の中で人間だけが、脳が肥大化したために違うところに魂を求めているのです。これが人類のすごいところです。

仏教はそれに気づきました。脳幹・大脳基底核の本能的判断、これを魂と呼んだのです。

脳幹・大脳基底核の本能的判断を分かりやすくいうと、「なんとなくその気になれないからやめておこう」といった「なんとなく」判断のことです。「なんとなくねずみ講はできないな」というのは本能的判断です。「これをやれば儲かることは分かっているけど、なんとなく人を傷つけてまで儲けたくないな」ということを脳幹・大脳基底核が判断しているのです。脳幹・大脳基底核には先人から受け継いできたことが蓄積されています。

反対に、一見困難なことも本能が判断するのならその予感を信じればいいのです。

私の会社は静岡県の島田という辺鄙な場所にあります。ここでやるよりも都内でやった方がお客さんはいっぱい来ることは大脳新皮質＝理屈の脳で分かっています。でも、そうはしませんでした。本能がここでやることを判断したのでしょう。おかげさまで二十九歳のときに創業しましたが、きちんと経営が成り立っています。むしろ、島田に来るためには東京から新幹線と在来線を乗り継いで来るわけですから、並大抵の覚悟がなければ来ることはできません。だからうまくいったんです。

人生における選択と決断に迷ったときは本能の脳で決めるのが一番です。

魂が燃えるのに従い、
魂が燃えないことはやめよ。

武士道は脳の中にある

伝承伝達によって、私たち日本人の中に息づいているもの。それは、武士道です。

二〇一一年の東日本大震災のとき、あの状況にあって強姦、強奪というのがほとんど起きませんでした。一部にはあったようですが、本当に少なかったと聞いています。なぜか？ それは、現代の日本人も武士道の精神を根底に持っているからです。伝承伝達され、脳幹・大脳基底核に武士道が宿っているのです。

武士道は、中国の儒教と日本の神道と釈迦の仏教の三つが融合して成り立っています。これは、世界中を探しても日本の武士道しかありません。

少し話が逸れますが、キリスト教は一神教です。イスラム教も一神教です。

一神教は絶対的存在である唯一神を信仰します。唯一神のみが正しいと信じています。正しいという漢字は、上の棒が一本なくなると「止」という字になります。「正」と「止」は隣り合わせ。「正しさ」から芯が一つなくなると、人間は考えを「止めて」、思考停止に陥ってしまうのです。これは非常に危険です。

多くの戦争が思考停止によって引き起こされます。「こっちが正しい」「そっちが間違っている」とやり合っているうちに戦争になります。歴史を見れば分かります。

世界から戦争をなくすのは簡単です。宗教をなくすことです。そしてそれよりも簡単なのは世界各国のリーダーを女性にすることです。男と女は思考が違います。男は相手がやってきたらやっつけたくなる生きものです。サル山のサルと同じです。

武士道に話を戻しましょう。

武士道というのは人間の性根の法則です。性根にレ点を打てば、根性になります。根性を鍛える。それが本能の脳の教育です。

しかしながら、現在の教育は理屈の教育です。おかげで子どもたちは非常にたくさんの知識を身につけました。けれども性根が育っていません。

日本人には武士道があると書きました。それは伝承伝達によって受け継がれているものです。伝承伝達。すなわち性根の教育によって鍛えられてきたものです。昔の日本人にはみんな備わっています。ですから、あれほど凄惨な原爆の被害を受けても我慢したのです。

田中清玄《きよはる》さんをご存じでしょうか。田中清玄さんは東大に入り、学生時代に共産党員になりました。その後、バリバリの武装共産党を作り上げてそのトップになります。そして昭和五年に和歌浦事件という官憲との銃撃戦を引き起こします。

事件の直後、彼のお母さんが割腹自殺をしました。「おまえが共産党に入って家門の名誉を傷つけた。ご先祖に申し訳が立たない」ということで腹を切るのです。すごいことですよね。こういう母親が育てているのです。その後、田中清玄さんは右翼に転向します。極端ですね。

たとえがたとえなので誤解を生んでしまいそうですが、武士道というのは覚悟です。「いついかなる時でも平然と死ねること」。正岡子規は武士道の覚悟をそのように解しました。まさに、究極の武士道です。

人間的成功を求めよ

成功には、社会的成功と人間的成功の二つがあります。

社会的成功とは、競争原理がはたらいているこの社会の中での成功です。経営者であれば商売で儲かることです。儲かって企業を大きくして資産を蓄えることです。スポーツ選手であれば活躍し、良い成績をおさめ、その結果として多くの収入を得ることが社会的成功です。

社会的成功を得る経営者とそうじゃない経営者の違いは、お金の儲け方を知っているか、知らないかだけです。将棋でいうところの定石を知っているかどうかです。

ビジネスにも将棋と同じように定石があります。ところが九十五パーセントの中小企業の社長さんは定石を知らずに会社を経営しています。「社員を愛しています」と言いながら安い給料で人を使っています。

金儲けは定石に従えばいいんです。お金づくりは仕組みづくりです。金儲けのための仕組みを、定石＝ノウハウに従ってつくった者が勝ちです。すなわち、社会的成功は「正しさ」の追究です。いかに正しい営業戦略や財務戦略を選択するか、それだけです。

ところが社会的成功をおさめると「あの人は偉い」と世間の人びとが勘違いをします。人間の脳は権威に弱いので、東大を出ているとか、テレビに出ているとか、そういう人を偉いと錯覚してしまいます。けれども本当に力のある人はテレビには出ないものです。ノーベル賞を取る人がそれまでテレビに出ていたでしょうか。ノーベル賞を取って初めて、こういう人がいたんだと知る人がほとんどでしょう。だいたい有名になると無力化するものです。本当のことが言えなくなる。ですから、賢い人はテレビに出ません。

社会的成功をおさめると、世間はあなたのことを偉いと勘違いします。だからといって自分は偉いんだなどと思ってはいけません。

大切なのは人間的成功です。人間的成功は社会的成功とはまったく逆です。人間的成功は精神的な成長や充足によってもたらされる境地です。そのためには「他者を受け入れる」能力が必要になります。

社会的成功が「正しさ」の追求であるならば、人間的成功は「己の愚かさ」の追求です。

禅の世界に「答えは問処《もんじょ》にあり」という言葉があります。答えは問いかけたところにある。それはどこか？　私はそれを、脳であると解釈しています。つまり、答えは問いかけを行う自分自身の脳の中にあります。

すなわち、人間的成功は「己の愚かさ」の追求です。自分の脳に問いかけを行う、このことが人間的成功への道であるのです。

歴史には裏と表がある

「天運の法則」では歴史を学びます。

さてその歴史には「正史《せいし》」と「稗史《はいし》」の二つがあります。

「正史」とは、勝ち組が作る歴史です。国家によって編纂された正式の歴史書です。これが世間一般に伝わるものであり、私たちはそれを「正しい」歴史であると思い込んでいます。けれども、正しいと思った瞬間に思考停止が起きると前に書きました。歴史にはコインの裏側、負けた人の歴史もあることを忘れてはいけません。

負け組の歴史を「稗史」といいます。

分かりやすいのがアメリカ・インディアンです。コロンブスがアメリカ大陸を〝発見〟し、ヨーロッパから白人がわんさと押し寄せました。彼らは先住民族をバンバン撃ち殺し、窃盗、強姦、放火、拷問を繰り返してインディアンの住む土地を奪っていきました。映画や物語では、インディアンは野蛮で、白人を襲う敵として描かれてきましたが、インディアンにとっては白人こそが侵略者です。インディアンにはインディアンの歴史があります。国家には正式に認められていませんが、人びとの間で言い伝えとして残されている歴史があります。それが稗史です。

日本は先の大戦で負けました。二度にわたって原爆を落とされ、何十万人もの市民が犠牲になりました。ところが、七年間による占領統治時代にマインドコントロールを受けて「日本が悪かったから攻撃された」「戦争を終結させるためには原爆は必要だった」というような論理を刷り込まれました。そうして誇りを奪われ、劣等感を植え付けられました。

私の父は明治生まれですが、徴兵検査の結果、戦争には行けませんでした。父の友人の多くは戦地へ赴いて死にました。それでよく酒を飲みながら「俺は生き恥をさらしている」とこぼしていました。命からがらシベリアから帰還した友人がたびたび家に来ては父とマイナス思考の話ばかりしていました。私は子ども時分にそういう話を聞いて育ちました。敗者の歴史＝稗史を父から教わりました。

稗史がすべて正しいと言いたいわけではありません。一方思考に陥っては本質を見失います。正史と稗史の両方をきちんと検証すること。一方思考を脱却し、いろいろな方向からものごとを見ることが大切です。

逆から考えてみると

ものごとを逆から見てみましょう。すると一方思考から解放されて、それまで気がつかなかったことに気づくことができるようになります。

逆から見る考え方を、私は「有無《うむ》・無有《むゆう》の思考法」と呼んでいます。

たとえばあなたには尊敬する人がいます。尊敬するとは、脳が「あの人はすごいなぁ」と思っている状態です。このとき「相手にはあって、自分にはない」という視点で相手を見ています。でも脳がその状態である限り、あなたはこの人に近づくことはできません。

それでこれを逆に考えてみる。「尊敬しているあの人にはなくて、自分にあるものは何か？」。その瞬間に自分の欠点がどんどん出てきます。「あの人にはこういうところがない。だけど自分にはこういうところがある」。これを繰り返すうちに欠点が明確になり、自己の成長につながります。これが「有無・無有の思考法」です。

有無・無有思考で生をとらえると、「どう生きるか」についての問いは「どう死ぬか」につながります。すると、いま何をするべきか。どう生きたらいいのかが見えてきます。

おもしろい話があります。「あなたは三カ月後に死にます。誰に何を伝えたいですか?」と問われた場合と、「あなたは三時間後に死にます。誰に何を伝えたいですか?」と問われた場合とでは、伝える相手が変わるというのです。

前者の場合、あなたが会社の経営者であれば社員に対して何かを伝えたいと思うでしょう。けれども三時間後に死ぬとなったら、ほとんどの人が子どもなどの血縁関係に伝えたいとなるのです。

問いかけが変わると答えが変わるのです。死生観を持ったとき、あなたがいまするべきことの答えもきっと変わるはずです。

三つの「理」

父が死んだ二十九歳のときに、私は株式会社サンリを立ち上げました。誰よりも力を利用することを上場企業でたたき込まれ、そんな時代が嫌になり、会社を辞めて静岡県の島田に来ました。

サンリという社名は、三つの理念が由来です。それは二十代前半の頃、やはり明治生まれである私の師から教わったことでした。

三つの理念の一つは「真理」です。師は「社会に出たら何が正しいのか真理の追究をせよ」とおっしゃいました。真理は、すべてに当てはまる正しいことです。どの方向から見ても正しいというのが真理です。自分だけが正しいと思っても、他人がそれを認めなければ真理ではありません。真理＝正しさの追究は、脳の分野でいえば三層目の大脳新皮質の左脳で行います。

三つの理念の二つ目は「道理」です。道理とは多くの人が認めた行いの道です。道理を知るには思いやりが大切です。暑い日に商人がお客さんに冷たいおしぼりを差し出すというのは真理ではありません。道理です。道理＝思いやりの追求は、イメージの脳である右脳と感情脳である大脳辺縁系の出番です。

三つの理念の最後は「天理」です。天理とは、万物を支配している自然の理《ことわり》です。これは、損得を超えた、感情を超えた、無条件の愛です。子どもへの愛情は無条件のものであるはずです。それと同じく地球を愛せよ、自然を愛せよというのが天理です。親の面倒をみることもまた天理です。年長者を敬い、ケアすることは天の理です。天理＝絶対的受容の愛の追求は、理屈を超えた記憶である脳幹や大脳基底核を良い状態にしておくことです。

一〇四万八五七六人がつないだ命のバトン

天理を知るためにまず行うことは、あなたの先祖を調べることです。

自分の両親、祖父母、曾祖父母まではなんとか分かっていても、それより上の先祖を知らない方がほとんどではないでしょうか。

人間誰でも二人の親から生まれます。その親はやはり二人の親から生まれます。それでは親から順に遡って、あなたには何人の先祖がいるか数えてみてください。親（二人）、祖父母（四人）、曾祖父母（八人）……という具合に数えていくと、二十代遡っただけで先祖の数は一〇四万八五七六人になります。いいですか。その一人でも欠けていたらあなたはこの世に生まれてきていないのです。あなたがここに存在しているのは、ものすごい奇跡なのです。

静岡県に岡むら浪漫という居酒屋グループがあります。その店は特に宣伝しなくても、看板を掲げていなくても、一二〇席がいつもいっぱいになります。なぜでしょうか？　理由は簡単です。系列店に、すべて自分の先祖の名前を付けたからです（のぼる、うさく、兼次郎……）。

私は数年前、経営者の岡村佳明君に助言しました。「ご先祖様のたった一人でも欠けたら、いま岡村君はここにいない。命をつなげてきてくれたご先祖様に感謝しないとね」。先祖の名前を店名にするとなれば、新たに店を増やすたびに先祖のことを調べます。すると感謝の気持ちがますます大きくなります。

私はこれまでに数多くの経営者をみてきましたが、うまくいっている会社の経営者は必ずといっていいほど、先祖を大切にしています。

先祖を調べた人は、人様を大切にするようになります。そして生きるということを大切にするようになります。子どもが親を殺すなんていう事件がときどきありますが、そんなことが起きてしまうのも先祖を知らないからです。

でも、織田信成君ならいざ知らず、市井のわれわれが先祖を知る手段はあるのでしょうか。

実は、それほど特別なツテやコネがなくても、先祖を調べることはできるのです。

まず、市役所や区役所の窓口に行って「遡れるだけの除籍謄本を発行してください」とお願いします。明治一九年以降に作成された戸籍は調べられるはずです。そうするとだいたい七代前ぐらいでしょうか。

発行を依頼する書類には発行理由を記載する場所がありますが、「家系図作成のため」と書けば問題はないでしょう。料金は、地域や家系の状況によって異なります。

ぜひ、調べてみてください。

幸せの絶対法則。それは、親孝行です。

うつという錯覚

先祖を調べれば、命を大切にするようになります。

自殺者が年間二〜三万人いるというのも、三代先までしか先祖を知らない誤った世の中だからという気がします。

さて、伸びる人に共通する特徴として、「優越の錯覚」があります。

優越の錯覚とは「自分は平均より優れている」という思い込みのことです。普通よりちょっと頭が良い。普通よりちょっとかわいい。普通よりちょっとやさしい。そんなふうに思っている方は多いと思います。

このとき、「普通」にはものさしがありません。「普通」を勝手に作り上げ、「まぁ、それよりは上だろう」と錯覚することで自信につなげているのです。優越の錯覚とは、根拠のない自信です。

ところが、うつ病になる人は「普通」より自分は劣っていると思ってしまう傾向があります。劣等感がムクムクと湧き上がってきて、仮想の敵が登場し、つい怒りっぽくなってしまうのです。うつ病の人は頭が良いのです。冷静に自分の欠点を見過ぎてしまいます。それで落ち込んでしまいます。


ところで、脳の二層目の感情脳（大脳辺縁系）は「快」の状態と「不快」の状態とを常に行ったり来たりして揺れ動いています。私はそれを「振り子の法則」と呼んでいます。

この振り子は「快」と「不快」のどちらにも振れているのが正常な状態です。ですから「不快」になることは決して悪いことではありません。その分、振り子は「快」に大きく振れるのですから。

落ち込んでもいいんです。いままで指導した中で、もっともこの振り子の触れ幅が大きく、落ち込み力が強かったのは元読売巨人軍の桑田真澄君でしょう。

桑田君が来たのは彼が二十代前半の頃ですが、当時の日記を見るとびっくりします。打たれたその日は相当落ち込んで、「明日からは一歩も外に出たくない」と書いている。ところが次の日には「チクショウ！」という悔しい気持ちが湧き上がって、頭を「快」の状態に切り替え、「積極的休息だ」などといって激しいウエイトトレーニングをするのです。

桑田君の落ち込み力はすごかった。だから優秀だったのでしょう。落ち込んでいる状態のときに冷静に自分を見つめて問題点を発見し、すぐに切り替えて解決のための行動に移す。

大切なのは「不快」になったときに「快」に切り替えることができるかどうかです。「不快」から「快」に切り替える方法は『No.1理論』をはじめ、多くの著書で書いていますのでここでは詳しく繰り返しませんが、脳の仕組みに即して一つ書いておきます。

大脳新皮質には右脳と左脳があります。脳に情報が入ってきたとき、イメージの脳である右脳は0.2秒以内に情報を処理します。対して、ものごとを分析する左脳は情報処理に0.4秒かかります。イメージ脳のスピードにはかないません。「不快」から「快」に切り替えるには、このタイムラグを応用するのです。

私は、脳梗塞で倒れる前はお酒が大好きでしたから、しょっちゅう夜遅くまで飲んでから家に帰りました。深夜に帰宅すると女房から小言を言われます。すると女房が鬼婆に見えて、「何だ、うるせーな！」となるわけです。脳の中ではイメージのあとに分析が始まりますから、「仕事だから仕方がないんだ！」と理屈をひねり出す。そのまま「おもしろくねぇな」で寝るものですから女房は鬼婆のままです。

「不快」に傾いた振り子を「快」に振るためにはイメージを変えればいいのです。女房が小言を言い出したら、「あぁ、おまえだけだ、俺のことを心配してくれるのは！　飲み過ぎちゃダメだ。ありがとう！」と言うと、鬼婆がやさしい女神さまに変わります。よいイメージを先に与えれば、分析がそれに従って、感情脳が「快」に切り替わります。

このように脳の仕組みが分かっていれば、「不快」に傾いた感情脳を自分で「快」

に持っていくことができます。うつ状態にあるときは、よいイメージだけを与えて錯覚させる。錯覚の法則です。

いつでもそれができるよう、「良い錯覚」を起こすキーワードを作っておきましょう。私の場合は「ツイている」という言葉がキーワードです。これによって振り子がマイナスに振れたら、すぐに良い錯覚でプラスに戻すことができます。訓練次第で上手に錯覚を操ることができるのです。

人生の三計

人間は成長段階に応じて三つの計画を立てながら生きます。「生計」「老計」「死計」の三つです。

若いときは「どのように生きるか」を考えます（生計）。年を経るに従って「どのように老いるか」を考えるようになります（老計）。そして、最後は「どのように死んでいくか」を考えます（死計）。

この図は「人の一生と成長曲線」を表したものです（図1）。

生まれてから十歳ぐらいまでは人間形成の「準備期」です。理屈の脳は未発達の段階ですから記憶データは感情脳に刻み込まれます。ですからこの時期にある子どもはたっぷりと愛情を注いで育てることが大切です。

十歳から二十歳の間は「導入期」です。理屈の脳が発達し、記憶データは知識の脳に入っていきます。この時期に自己成長のための鍛錬を行います。

二十歳から三十歳の間は社会に出て実践する「成長期」です。知識の吸収とい

図1　人の一生と成長曲線

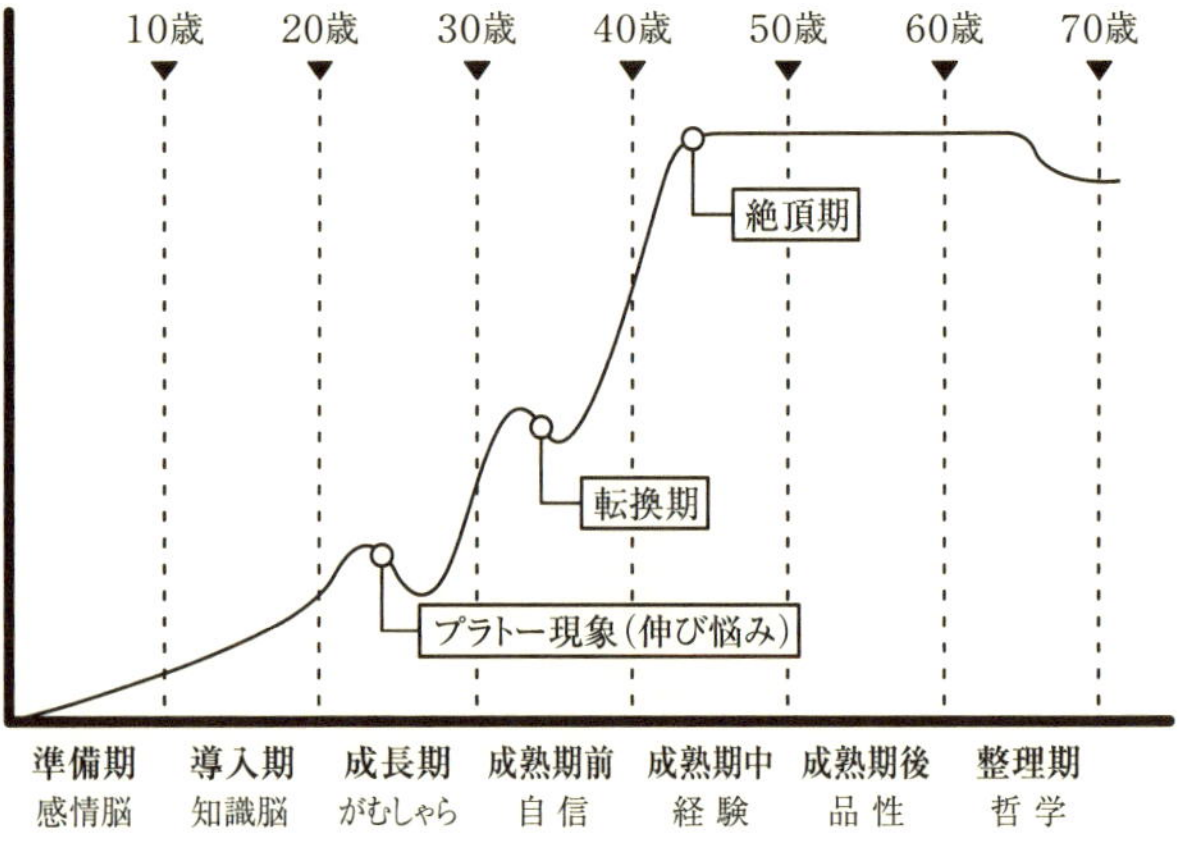

う意味でも、社会経験の積み重ねという意味でも全力投球すべき時期です。学校から社会に出て、想像していた理想と現実とのギャップに一度はやられてしまうでしょう。でもこの時期は若さと体力があるから失敗も許されます。ひたむきにがむしゃらにがんばる時期です。スポーツの世界では一時的に伸び悩むことを「プラトー現象」と呼んでいます。立ちはだかる壁をがむしゃらになって克服することで、大きく成長するきっかけになります。

三十歳から四十歳は「成熟期の前期」です。成長期にがむしゃらになってがんばったことが、この頃になると自信に変わります。

そして四十歳から五十歳は「成熟期の中期」。人生の成長曲線がピークを迎えます。まさに「働き盛り」。それぞれの時期にしなければいけないことをしっかり行ってきた人たちは、組織の中で重要なポストに就き、これまでの経験を生かしてリーダーとして活躍している頃でしょう。

五十歳から六十歳は「成熟期の後期」。この年代になると人間的な落ち着きが出てきます。がむしゃらに突き進むパワーよりも人間としての品性が必要になってきます。

そして定年を迎え、六十歳からは人生を整理する時期に入ります（整理期）。人生の終わりだと錯覚する人もいますが、そうではありません。いよいよ第二の人生のスタートなのです。これまでの人生を振り返り、社会のために何ができるのかを真剣に考えます。哲学的なものの考え方になり、やっと人間として本当のスタートができるのです。論語には「五十而知天命（五十にして天命を知る）」とありますが、天命を知ったからには何ができるのか、何を社会のためにやるのか、いよいよここからなのです。

この成長曲線に三計を重ね合わせてみ

図2　人生の三計

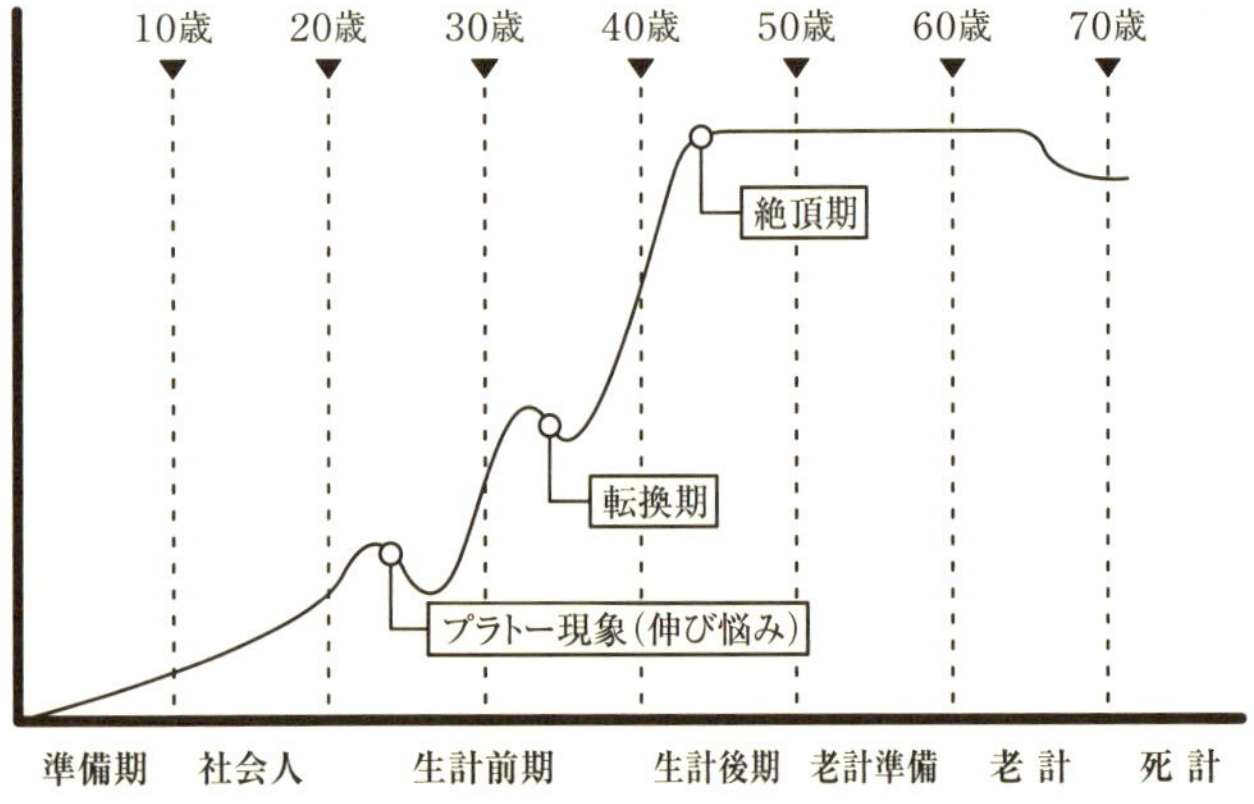

ましょう（図2）。

二十歳前後に社会に出たあなたは、どうやって生きるかを考えるようになります。それが「生計」です。その後、「生計の前期」ともいえる時期が四十歳ぐらいまで続きます。そしてそれは、成長曲線のピークを迎えるのに合わせて「生計の後期」に入ります。

定年を意識し始めると、どのように老いるかという関心が芽生えてきます。個人差はありますが、五十代中盤から定年後の期待と不安にとらわれ、こうしたことを考え始めるようになります。それに伴って脳は老計に入っていくために発達し始めます。価値観が変わるのです。

そして六十歳を超え、定年を迎えて仕事から離れると、本格的に「老計」に入ります。自分中心だった「生計」に対して、「老計」は利他の精神です。利他の心で人間としての役割を意識するのです。やがて老いや病が切実な問題となり、最後の計画「死計」に向き合います。

人間には二つの死があります。

一つは肉体の死です。人間は肉体が滅びたときに最初の死を迎えます。けれども亡くなった人の存在は、生きている人間の記憶の中に残ります。亡くなったご家族のことをあなたが覚えている限り、記憶の中でご家族は生き続けます。私の中では、二十九歳のときに亡くなった父がいまも生きています。

ですが、私の脳から父の記憶が消えたとき、私の中の父は死にます。人びとの記憶からなくなったときに、人間は二度目の、本当の死を迎えるのです。

究極の欲は「無欲」である

マズローの「欲求五段階説」をご存知でしょうか。

人間はまず「食べたい」「寝たい」といった本能的な欲求を抱きます。これを「生理的欲求」といいます。それが満たされると次は家や健康など安全な暮らしを求めるようになります。「安全欲求」です。これが満たされると、集団に属したり、仲間が欲しくなります。これを「社会的欲求」と呼びます。三つの段階をクリアすると、次は他者から認めてもらいたいという「尊厳欲求」が起こり、最後に「自己実現欲求」に到ります。

ここまでがよく知られているマズローの「欲求五段階説」です。でも実はこれには続きがあるのです。

マズローは死ぬ前に「自己実現欲求よりも高い次元の欲求がある」ということに気がつきました。それが何であるのか分からず悩みますが、最終的に答えが見つからないままマズローはこの世を去ります。

マズローが見つけられなかった最上位の欲求こそ「無欲」です。

「クロネコヤマトの宅急便」の生みの親である小倉昌男さん（ヤマト運輸元会長）は、ヤマト運輸の会長職を辞したあと個人資産のほとんどを寄付してヤマト福祉財団を立ち上げ、心身に障害のある人びとのために使いました。これこそが究極の欲求「無欲」です。

注意しなければならないのは「無欲」にも二種類あることです。

ホームレスも無欲です。社会から離脱し、富を得ることをあきらめ、その日暮らしの生活をしています。いうなれば「消極的無欲」です。

小倉昌男さんの無欲はこれとは違います。「生理的欲求」から「自己実現欲求」に到る五つの発達段階を経てたどり着いた「積極的無欲」です。欲求のステージを高め、望みの質が高くなっていなければ「積極的無欲」には到達しません。

真の喜びは命が喜ぶことであると年長者は知っています。命には期限があり、私たちは天命に生かされていることを、年長者は知っています。

スティーブ・ジョブズは膵臓がんの手術をしたあとにこう語ったそうです。

〝死は生命にとって唯一にして最高の発明だ。〟

者の教育

知には二つのタイプがあります。「目に見える知」と「目に見えない知」です。

「目に見える知」とは、工学などに代表されるように、理屈で整理できる知です。これに対して宗教や神学のように、見えない世界を突き詰める知があります。目では見えませんが、心の目には見える心の知です。

私はいろいろなところで繰り返し述べていますが、教育とは根気です。人間の「本質」を直すには根気がいります。人間の「部分」を直すのは根気ではなく指摘です。根気には愛が必要です。指摘には神経が必要です。人間の心は指摘では直りません。愛のある根気で直るのです。

ある年代以上になると、人間は指摘ではなく、愛で人に接するようになります。だいたい六十歳を過ぎた頃から、愛がベースになった教育ができるのです。

人工知能が出てきたこの時代こそ、年長者が必要です。年長者しか教えられないこと。これをしっかりと若い世代に伝えていく必要があります。ある年代に達したら、平和のために、人類のために、次の世代のために、力を注がなければなりません。

インターネットの登場でこれほどまでにグローバルな世界になり、ビジネスの世界もこれまでのような単純戦略でものごとをやっていたら勝てない時代になりました。高等戦略を駆使して、しっかりと消費者に受け入れられるようなビジネスを展開しなければいけません。

そのときに必要なのは社会的成功と人間的成功の双方です。社会的成功＝金儲けの仕組みづくりは「正しさ」の追究ですから、これは人工知能に任せておけばよいでしょう。しかしながら人間的成功は人工知能では補完できません。これが教えられるのは年長者です。

私のところにも、三十代、四十代の若い経営者が来ます。しかし話を聞くと社会的成功にとらわれている人がほとんどです。

かつては「日本のために」といって上場する人たちが大勢いましたが、いまはほとんどの人がお金という紙切れのためです。使命感を持って、本気で日本を変えるんだという人は一握りです。

そもそもお金こそが錯覚です。

一万円札の値段はいくらかご存知でしょうか。正解は一枚当たり二十二円二十銭です。これは印刷局から日本銀行への売渡金額です。つまりはお金の原価です。

一枚二十二円の紙を、私たちは「一万円の価値がある」と信じています。一万円札は一万円の価値があると信用されて流通しているだけの話です。仮に日本経済が破綻したとき、この紙切れを二十二円で買う人なんていません。二十二円、それ以下の価値になるかもしれません。それを追いかけ求めているのです。

〝I reached the pinnacle of success in the business world.
In others' eyes, my life is an epitome of success.
However, aside from work, I have little joy.
In the end, wealth is only a fact of life that
I am accustomed to.〟

私はビジネスの世界で成功の頂点に君臨した。
ほかの人の目には、私の人生は成功の縮図に見えるだろう。
しかしながら、仕事を除けば喜びの少ない人生だった。
人生の終わりには、富は、私が積み上げてきた単なる事実でしかない。

これが誰の言葉かお分かりになりますか？
ここに引用したのはスティーブ・ジョブズの言葉です（STEVE JOBS' Last Words）。彼の最後の言葉といわれています。
その中にこんなセンテンスがあります。

〝The wealth I have won in my life I cannot bring with me.
What I can bring is only the memories precipitated by love.
That's the true riches which will follow you,
accompany you, giving you strength and light to go on.〟

私が人生で勝ち得た富は、一緒に持って行けるものではない。
私が持って行けるのは、愛情にあふれた思い出だけだ。
それこそが本当の豊かさであり、あなたとずっと一緒にいてくれるもの、
あなたに力を与えてくれるもの、あなたの道を照らしてくれるものだ。

そして、ジョブズのメッセージは次の言葉で結ばれます。

〝Treasure Love for your family,
love for your spouse, love for your friends...
Treat yourself well. Cherish others.〟

あなたの家族のために、愛情を大切にしてください。
あなたのパートナーのために、あなたの友人のために……。
あなた自身を慈しんでください。ほかの誰かを大切にしてください。

あなたは、何のために仕事をしていますか？
あなたにとって、お金より大切なものは何ですか？
あなたにとって、命より大切なもの。それは何ですか？
あなたは、何のために生きているのですか？

答えは問処（脳）にあり。

私はこの言葉を、若い方へのメッセージとして贈ります。

寺田一清

――生涯の師に奇しき邂逅

寺田 一清

てらだ いっせい

１９２７（昭和2）年大阪府生まれ。旧制岸和田中学校を卒業し、東亜外事専門学校に進むも病気のため中退。以後、家業の呉服商に従事。１９６５（昭和40）年38歳の時、生涯の師・森信三先生に出逢い師事。社団法人「実践人の家」常務理事として研修会の企画や著作の編集・発行に従事する。現在は参与。主な編著書に、『幻の講話』『森信三続全集八巻』（実践人の家）、『修身教授録』『森信三先生随聞記』『二宮尊徳翁一日一言』『森信三一日一語』『森信三の生き方信條』『家庭教育の心得21』（以上致知出版社）ほか多数。

終生の師との出会い

〝天下第一等の師につきてこそ
人間も真に生甲斐ありというべし。〟

『森信三 一日一語』

本書の出版にあたり、清水克衛さんから私に声をかけていただいたことを非常に光栄に感じております。私のほかは皆さん一道を極められた方ばかり。それに比べて私の値打ちは、天下第一等の師匠にお目に掛かったという、ただそれに尽きるわけであります。ですから本書において、森信三先生のことをお伝えする機会を与えていただきましたことに深く感謝いたしております。

私が森先生に出会いましたのは三十八歳のときですが、それまでも私なりにいろいろ教えを求めてさまよい歩いたつもりでございました。

私の父親は呉服商を営んでおりましたが、モラロジー（道徳科学）に縁があり、それもあって私は旧制岸和田中学を卒業したあと、父の勧めで東亜外事専門学校（現・麗澤大学）に進学しました。戦争中は校内に部隊が駐屯しておりまして、それほどただならぬ状況だったわけです。その後、在学中に終戦を迎えました。終戦後の混乱の中、私は東京から実家のある大阪へ石炭車で帰りました。無蓋の石炭車に二十四時間揺られ、汽車の中から戦災の焼け野原もつぶさに見ました。

私には兄がおったものですから、私自身は呉服屋を継ぐつもりはまったくありませんでした。ところが、兄が応召して戦地に趣き、帰ってから結核を患って亡くなってしまいました。おそらく収容所で不衛生な環境に長くいたせいもあったのでしょう。そうした事情もあり、学校には復学をせず、私が実家を継ぐことになりました。

さて思想の面では、モラロジーの道を求めながらも、どうもピッタリこないものを感じておりました。一方で母親は天理教の信者でありまして、そちらに魅力を感じたのですが、これも私にはピッタリこない。そこで探し求めた結果、教団の中でも系統を離れて名古屋の愛町分協会の関根豊松先生を知り、信徒としてではなく、毎月通い詰めることになりました。

おつとめがあれば、前の晩に大阪から名古屋に移動して泊まる。それがだいたい一カ月に一度、これを三十五歳になるまで五年間ぐらい続けました。ところが関根豊松先生が八十六歳で亡くなりますと、そのご縁が切れまして、私にとってはまた教えを求めてさまよう日々が始まりました。

その三年後、小学校時代の恩師である露口忠春先生に久しぶりにお目に掛かる機会があり、その席で「寺田君、実は私が師範学校時代からご指導を仰いでいる森信三先生の全集が出るんだが、読んでみないか」と言われました。当時、私は森先生の名前を存じ上げず、「そんな偉い先生の全集なんていうのは、私のような呉服屋のおやじには歯が立ちませんなぁ」と申したのですが、「いや、やさしいことも書いてあるから読んでみてはどうだ」と言う。私が小学校時代から尊敬申し上げている先生のおっしゃることですから、「それでは購《もと》めて読んでみましょう」ということで申し込んだのです。

読んでみますと、難しい論文も哲学的な記述もありますが、たしかに私にも理解できる部分があります。

特に印象深かったのが「飯菜別食完全咀嚼法《はんさいべっしょくかんぜんそしゃくほう》」でした。「飯」というのはご飯、「菜」はおかずです。飯菜別食完全咀嚼法などと言葉として並べるとたいそう難しいもののようですが、要するに、「ご飯とおかずを一緒に口にするのではなく、ご飯はご飯、おかずはおかずというように、別々に口に入れてよく噛めば、胃の患いもない」という教えなのです。これなら呉服屋のおやじでも今日から実践できる、そう思いました。

ほかにも、風呂に入るときは「半身入浴《はんしんにゅうよく》」。肩まで湯に浸かるのではなく、上半身は湯に浸からずに汗ばむようにするべきである、とか。眠るときは「無枕安眠《むちんあんみん》」。枕をしないで寝れば、力学的に肩が凝ることはない、であるとか。日常の心構えを簡潔な四文字で表現なさる。そして非常に分かりやすい。私はここに惚れました。哲学の先生だと聞いていたのに、これだったら私にもできるじゃないか。これが、森先生にくらいつくことになるきっかけでした。

「一日一語」人生に処する知恵

〝人間は一生のうち逢うべき人には必ず逢える。
しかも一瞬早過ぎず、一瞬遅すぎない時に――〟

『森信三 一日一語』

〝縁は求めざるには生ぜず。
内に求める心なくんば、たとえその人の面前にありとも、
ついに縁を生ずるに到らずと知るべし。〟

『森信三 一日一語』

森先生へ拝顔の栄に浴しましたのは東京オリンピック翌年の一九六五年二月二十四日。先生が六十八歳で、私は三十八歳でした。呉服屋が即金で全集を求めたという話が先生の耳に入り、面授の機会を得たのです。当時、森先生の門下生

といえば学校の先生ばかりで、私のような人間は森先生にとってもの珍しかったのでしょう。

さて、前年の東京オリンピックはご存知の通り、「東洋の魔女」と恐れられたバレーボール全日本女子チームが金メダルを取った大会です。このバレーボール女子チームを率いた大松博文さんというのが、私とは既知の間柄でありまして、大松博文さんが監督を務めていた日紡貝塚バレーボールチームの親会社ニチボー株式会社(現・ユニチカ株式会社)へ、週に二度、私は呉服を売りに行っていました。当時は女子従業員さんが三千人もおり、呉服屋にとっては一番のお客様でありますが、その用度課の課長が大松博文さんだったのです。また同じ町内ですから、大松監督が一番電車で貝塚へ行き、最終電車で帰ってくる、というご日常も存じ上げておりました。日紡貝塚の苛酷な練習も度々目にしております。ですから私は大松監督には頭が上がらなかったのです。

そんな仲であることを森先生はもちろんご存知ではなかったはずですが、最初に面会したその日、森先生は大松監督の話題に触れ、「あの大松博文監督の回転レシーブは、かの剣客佐々木小次郎の燕返しに勝るとも劣らない、日本鍛錬道の粋である」と、こうおっしゃるわけです。これには驚きました。私と大松監督との関係を知らずに話題にしたという霊的なるめぐりあわせの上に、「日本鍛錬道の粋である」と言葉を選んで誠に見事に表現なさる。私の心魂に響きました。この一言で、森先生に一生付いていくと心に決めました。逢って五分もかかりませんでした。

これがご縁の始まりで、当時、四天王寺学園で開かれていた森先生の読書会に通うようになりました。私も呉服屋を営んでおりますから、日曜日など本来は忙しいのですが、それでも嫁さんに叱られながら休みなく読書会に顔を出したものです。

森先生の言葉は天井に輝く万華鏡たるにとどまらず、大地におりて蟻の這う姿まで映し出す教えだと、そう感じた私は、いつしか先生の語録集を出版したいと思うようになりました。ところがそれを周りの門下生に言うと「寺田さん、それは無理や。われわれは既に十年近く先生に接しているけれども、語録集はよう作らん」という。呉服屋のおやじに何ができるんだ、と思ったのでしょう。ですが私は、「あんたらとは惚れようが違うんだ。私はやるよ」と胸に誓い、それからは以前にも増して先生の講義を真剣に聞き、本を読み、そうした努力を十年余り重ねたのち、五十歳のときに『一日一語』という語録集を自費出版するに至りました。

この本がたいへん評判良く、版を重ねて二十万部売れました（現在は致知出版社より発行）。呉服の方は時代の流れの中で縮小傾向にありましたので、そのうちだんだんと出版業の方に私も軸足を移していくようになったのです。

しつけの三原則

〝一つの学校の教育程度を一ばん手取り早く、かつ端的に知るには、子供たちのクツ箱の前に立って見るがよい（家庭もとより同様）〟

『森信三　一日一語』

森先生の言葉には力があります。さまざまなことを凝縮した短く印象的な言葉に込めます。現在において最も普及している森先生の教えといえば「現場再建の三原則」ではないでしょうか。即ち、

一、時を守り（時間）
二、場を浄め（空間）
三、礼を正す（人間《じんかん》）

というものです。字数にしてたった十二文字ながら、家庭においても、職場においても、学校においても、あらゆる場面で活用できる、時間・空間・人間の大原則です。

森先生は一度にたくさんのことを言いません。三カ条におまとめになる。それが幅広い層に広まった魅力の一つと考えています。

「現場再建の三原則」と並んで活用されているものに「しつけの三原則」があり

ます。

一、朝のあいさつをする子に―。それには先ず親の方からさそい水を出す。
二、「ハイ」とはっきり返事のできる子に―。それには母親が、主人に呼ばれたら必ず「ハイ」と返事をすること。
三、席を立ったら必ずイスを入れ、ハキモノを脱いだら必ずそろえる子に―。

この「しつけの三原則」こそ人間の生き方の最基本ともいうべきもので、少なくとも小学校進学までに、そして少なくとも「つ」の付く間に習慣化するよう取り組んでほしいと、森先生は常々おっしゃっていました。

余談になりますが、私もいろいろな場所でこの「しつけの三原則」を引用しながらお母さん方に向かって「ご主人から名前を呼ばれたときに『ハイッ』と答えていますか?」と聞きますと、大概のお母さんが下を向いてしまいます。それはそうでしょう。一番言いたくない相手ですから―。ですが、それほど、簡単なようであっても実践することは難しいのです。

滞米二十年、小学校の女性教諭として教育に携わった菊池京子さんという方が、海外でもこの「しつけの三原則」を実践していまして、非常に受けがよいという話を聞きました。中でもアメリカの保護者に最も評判が良かったのは「席を立ったらイスを入れる」だったそうです。「ハイッ」を世界の共通語にしようとがんばっておられましたが、惜しくも五十三歳の若さで他界されました。非常に残念でなりません。

人生二度なし

〃「人生二度なし」
これ人生における最大最深の真理なり。〃

『森信三　一日一語』

森先生は明治二十九（一八九六）年九月二十三日、愛知県知多郡武豊《たけとよ》町に端山《はしやま》家の三男として生まれます。祖父は第一回国会議員を務めた端山忠左衛門でした。ですが二歳のときに父の固定資産買入れの放蕩から母が実家に帰ってしまい、三歳で半田市岩滑《やなべ》町の森家に養子として入籍します。

十三歳の正月、森先生は養父に連れられ祖父の家に挨拶に行きました。その際、森先生は端山忠左衛門から「信三、おまえにはこれが読めるか」と一遍の漢詩を示されます。残念ながら森先生は読むことができませんでした。すると祖父は「これは頼山陽《らいさんよう》が十三歳のときに作った漢詩だ。それがおまえには読めないのか」と言いました。この一言がグサッと胸に突き刺さったのでしょう。以来、ここに書かれていた詩句は、忘れられない言葉となったのです。

十有三春秋　　十有三の春秋
逝者已如水　　逝く者は巳に水の如し
天地無始終　　天地始終無く
人生有生死　　人生生死有り

安得類古人　安んぞ古人に類して
列千載青史　千載青史に列するを得んや
頼山陽「立志の詩」

中でも「天地無始終　人生有生死」の二行。天地には終わりもなければ始まりもないが、人間は生まれたら必ず死ぬときが来る。この言葉は森先生の中で「人生二度なし」に変わり、一生涯を貫く言葉となりました。

まず、腰骨を立てよう

〝つねに腰骨をシャンと立てること―
これ人間に性根の入る極秘伝なり。〟

『森信三　一日一語』

さて同じ十代のときに森先生の思想を決定づけることになる、もう一つのエピソードがあります。

半田小学校高等科を出た森先生は家庭の事情で上級学校へ行くことがかなわず、叔父であり校長先生でもあられた日比恪《いっき》の縁で学校の給仕をしておりました。日比恪は岡田式静坐法の創始者である岡田虎二郎先生を尊敬し、近隣の有識者を集めて勉強会を行っていました。ある日の勉強会で森先生がお茶を煎れて勉強会の場に持って行き、そのとき初めて岡田虎二郎先生を見たのですが、そのあまりの堂々とした姿に感銘を受け、「私は生涯、あのように立派な座り方のできる人物になろう」と決心しました。それがのちに腰骨を立てる「立腰《りつよう》」の教えに繋がります。

森先生の教えにはいろいろなものがありますが、この「立腰」という言葉をつくられたことは日本の教育において非常に大きな功績であったと思います。現在では立腰を取り入れる学校も全国的に少なくありません。

立腰には、精神の統一力、集中力、持続力を高めるという三大効果があります。

立腰こそは身心相即。身と心は一体です。ですから、体をシャンと立てていると、心も自然にしっかりしてくるのです。

森先生は十五歳で立腰の大切さに気がつきました。私は三十八歳で森先生から立腰にめざめさせていただきました。以来、五十年が経ちますが、「森先生から教えられたことの何が一番か？」と問われたら、やはり私は「立腰だ」と答えるでしょう。

立腰を体得するには最低でも七年は必要です。

立腰を子どもに教えるには、言葉で子どもを強制するのではなく、子どもが緩んできたらそっと腰骨に手のひらを当てることです。そして「おかん、何するんや」と言われたら、ニコッと笑ってあげてください。

〝教育とは人生の生き方のタネ蒔きをすることなり。〟

『森信三　一日一語』

森先生は名古屋第一師範に入学し、その後、小学校教諭を経て広島高等師範に入学します。ここで生涯の師の一人である西晋一郎先生に出会うわけです。その後、森先生は大正十二(一九二三)年に京都大学哲学科に入学し、西田幾多郎先生に仕えます。

当時二人は「東に西田あり、西に西あり」と言われるほどの日本を代表する巨人哲学者であられました。西先生は東洋倫理学の色合いが深く、西田先生は西洋哲学から入りながら禅を極め、無という境地に入り込んだ方です。この二人に学ばれたということはまったく奇蹟というほかはなく、学問形成上における多大な恩恵であったと申し上げねばなりません。

西田先生に七年七カ月仕え、三十五歳で卒業した森先生は、大学院に籍を置きながら天王寺師範学校(現・大阪教育大学)の専攻科講師となります。京都大学まで卒業しながら、一介の師範学校の生徒、つまり先生の卵に教える。そのときの無念は計り知ることはできません。ところがそれをいつまでも残念がっているのではなく、渾身の力を振り絞って教育に打ち込むわけです。

昭和八(一九三三)年、倫理・哲学の講師であった森先生は、本科一部生の「修身科」を担当されることになりました。ところが当時の検定教科書は徳目的に偏するきらいがあり、内容的にも満たされないものがあったので、先生はその教科書を使用せず、自ら独自の口述でこれにあたりました。当時は日中戦争も勃発し、風雲ただならぬ状況にありました。そうした意味においてもこうした授業が行われることは異例中の異例でしたし、勇気のいることであったと思います。そうして森先生は生徒に筆録を願い、その講義を記録に留めました。この教授録が永遠の名著として愛読されている『修身教授録』であります。

ガリ版刷りだったこの教授録を世に広めたのが国語教育の第一人者、芦田恵之助先生でした。芦田先生は多年にわたり全国的な教壇行脚を続けられ、国語教壇で一道を極められた方であります。その芦田先生が『修身教授録』の一部を読まれ、いたく感動し、全五巻として出版を発願せられるに至りました。こうして昭和十五（一九四〇）年、一般に公開されたのでした。

さてこの頃、森先生は学問的処女作ともいえる『恩の形而上学』を出版しています。ですが、修身科の授業では、そうした哲学的な難しい話をなさらず、明解平易な言葉で生徒が当面する切実な具体的問題を通して深く人生の真義並びに生き方の本筋を説かれました。一見平易な講義の底に流れる清澄な調べには、底知れぬ叡智の光が込められており、そのことが『修身教授録』を名著たらしめているといえましょう。

ご縁を大切に

〝もし私があの世へ、唯一冊の本を持って行くとしたら、恐らくは『契縁録』を選ぶでしょう。
何となれば、それは二度とないこの世において、
私という一個の魂が、縁あって巡り合い、
知り合った人々の自伝の最小のミニ版だからです。〃

『森信三 一日一語』

森先生は「人間は何人も自伝を書くべきである。それは二度とないこの世の『生』を恵まれた以上、自分が生涯たどった歩みのあらましを、血を伝えた子孫に書き残す義務があるからである」と述べています。内容はともかく、ページ数のいかんを問わず、自伝をまとめておきなさい。それは売名のための行為ではなくて、この世に生を賜ったいのちの歩みの記録であると共に、一種の報恩録であると教えられました。

ですから同志の出版にはためらうことなく協力し、その序文を依頼されれば断ることなく、生涯で三百編を超える序文を書かれています。もちろん、本の内容をしっかりと読んでから書かれるわけです。そうして同志の本をいつもリュック

サックに詰めては持ち歩き、「この本は良い本です」と読んでもらうための努力を惜しみませんでした。

森先生には『契縁録』という本が三冊あります。これは、森先生と先生のお仲間との縁ができるまでのことを一ページにまとめた本であり、自分が死ぬときには全集はこの世に置いていくけれども、『契縁録』だけは持って行くとおっしゃっていました。森先生は地位や名誉やお金を求める気持ちは一切ありませんでしたが、ご縁を非常に大切にしておられました。

地位の高い方との交流もあまりなかったでしょう。そういう意味では元兵庫県知事の阪本勝ぐらいだったと思います。この方は文筆家ですが、森先生を「今北聖人」と呼んで懇意にされていました。今北というのは当時、森先生が住んでいた地域の名前です。それで森先生は「聖人じゃない、今北棲人ですよ」などと冗談をおっしゃっていました。

ところで晩年の先生は非常なご苦労をなさっていました。かつては立派な家に住んでいらっしゃったのですが、ご長男が急逝されたそのあと、一時は当方の別宅に仮住まいいただいたのですが、これも落ち着かれず、結局尼崎今北地区に身を寄せられることになり、同和地区の立ち退き区域の一軒空き家に単身独居されたのです。

思い出すことには、私らが先生を訪ねたときに、台所になめくじが三匹這っていました。先生はそれを箸でつまんで一匹ずつ口に放り込み、水をグッと飲み干すのです。すると先生は「今東光《こんとうこう》という作家が旅館に泊まってね。コップ一杯のなめくじを集めてきてくれと頼み、それを栄養剤だと言って飲んだという話を聞いてね。以来、わしもなめくじを見つけたら箸で捕って食べるようにしているんだ」と、こうおっしゃる。ただただ驚きました。

その後も地区内で転居を余儀なくされ、あまりに気の毒だということで同志で基金を募り、「実践人の家」を建てました。これが森先生の終《つい》の住処《すみか》となりました。

先生はご出生の頃から最期まで本当にご苦労をなさっています。よくぞ自殺されなかったと思います。実は、それをお考えになったこともあったそうです。先生の言葉に「逆境は神の恩寵的試練なり」というものがありますが、誠に先生ほどご苦労された方を私はほかに知りません。

いのちの所照と、いのちの自証

〝われわれ人間は、ただ一人の例外もなく、すべて自分の意思ないし力によって、この地上に生まれてきた者はない。そしてこの点に対する認識こそ、おそらくは最高最深の叡智といってよい。されればわれわれ人間は、それぞれ自分がこの世に派遣せられた使命を突き止めねばならない〟

『森信三　一日一語』

森先生は処女作『恩の形而上学』の中で、すべてが最善観、絶対必然即絶対最善であると説かれました。「いのちの所照」、即ち命が照らされてある、生かされている自分に開眼されました。照らされているから眼が見える。光があればこそ眼が見える。光がなければ暗黒の世界。生命は恩寵の唯中にある。これに目を覚まされました。四十四、五歳のときです。

そして、生涯最後の著述は『創造の形而上学』です。そのテーマは「いのちの自証」でした。「いのちの自証」とは、命の根源を悟るということ。自分で納得をするということです。

いのちの所照に始まり、いのちの自証に終わる。

ただ生かされているということに目覚めるだけでなく、いかにして自分はこの世に役立ち、自分に与えられたる使命を果たすか。創造的世界の、創造的微粒子として自分に与えられた生命の意味を深く考えてその分を果たす、これを森先生は「天の封書」の開封と言われました。

人間はみんな、生まれた途端に「天の封書」を授けられてこの世に生まれてい る。しかし封書だから、自分が開けようとしない限り読むわけにはいかない。死ぬまでに自分で封を切って読む。天から与えられた使命を実現すべきものです。これが人生のありがたい自照即自証につながる。生かされてある身の、自分はどう生きるべきか、これが全一学というものではないかと思います。

いのちの所照は他力、いのちの自証は自力とも言えましょう。他力と自力とを分けること自体がまちがいですが、他力と自力の融合が望ましい。自力と他力を分けてはいけないというお考えを、生前述べていらっしゃいます。

悟りというものを表すとき、円相を書きます。白隠禅師もよく書いていらっしゃいます。円は宇宙を表す。人間も小宇宙です。

一円融合の思想を説かれたのが二宮尊徳でした。

二宮尊徳は、小田原藩のお殿様である大久保公から「十年あなたに任せるから」と、分家の桜町の復興を命じられました。ところが、することなすこと反対抗議を受けることになります。「百姓のくせになんだ」と、小役人がすべて壊していく。ついに困り果てた二宮尊徳は、村人に黙って成田の不動さんに二十一日間の断食修行に行きます。

不動明王の前でお祈りをし、そのとき「一円融合」の眼を開きます。即ち、反対するものもそれを分け隔てすることなしに一円に納める、これが一円融合の思想です。

二宮尊徳はそれから三年の間に、桜町の復興を成し遂げました。

全一学とは、二宮尊徳の教えです。

道元禅師も、中江藤樹も、石田梅岩も、大阪の高僧慈雲尊者もすべて、全一学の思想を開いた人たちです。真理の探究だけではなく、真理の裏づけとして、知行合一という実践を重んじました。

全一学は、実践を重んじる真理の学です。

知行合一。知と行、自ずから導かれるのは身心相即の道です。物心相即の道です。ですから、心をシャンとするためには身体から直していく。身体の立腰はこころの立腰です。物事の整理がこころの整理につながる。身心相即、物心相即が森先生の教えの根幹です。

これは職場再建の三原理たる「時を守り、場を浄め、礼を正す」につながります。場を浄めることによって、心の浄化につながります。

二〇五〇年

〝極陰は陽に転ずることわりをただにし思へば心動ぜず
大いなる光照れれば国民のいのちや竟《つい》に改まるべき〟

『森信三　一日一語』

先生は「私の書いたものが死後三十年たってお読みいただくなれば、これ以上のことはございません」とよくおっしゃいました。

先生が逝去されたのは平成四（一九九二）年でしたから、死後三十年といえば西暦二〇二二年に相当します。

さて先生は二十一世紀の予言をなさっております。二〇一〇年から二〇一五年、この五年間は混迷が続く。それを過ぎると、これではいけないという意識革命が起こり、二〇二五年から上向きな日本民族になる、とおっしゃっています。

さて、翻って考えてみますと、二〇一一年三月十一日の東日本大震災による地震・

津波被害ならびに原発事故の大苦難は、まさに天の警告とも天の導きとも察せられるものでした。

転換期を経て、二〇二〇年には東京オリンピックが開かれる。日本が注目され、良くなる兆しがすでに見え始めております。そして二〇五〇年、そのとき列国は日本の底力を認めざるを得なくなるだろう、こうおっしゃっています。ですから、その道縁につながる我々としては、お教えに則り生活の基本から正していく、いまその時代に入っているのではないかと思うのです。

森先生の言葉に「日本民族の使命は、将来の東西文化融合のその縮図的典型を提供するにあり」というのがあります。

先生は、島国というのは変形した円だと、いつもおっしゃっていました。円は自ずから中心を求める。われわれは万世一系の天皇をいただいて今日があるわけです。日本民族は東西文明の融合する一つのシンボルです。これを果たしうる民族はほかにはありません。

森先生は従来、両極を切り結ぶという表現をよくお使いになられていました。切り結ぶとは化学反応のようなものであり、異質なものを融合させるということです。男女が融合するごとく、異質なるものを切り結ぶことの重要性を説いていらっしゃいました。たとえば商売においては、お客さんが求めるものと、こちらが売りたいものを切り結ぶことで商売が成立します。切り結ぶ。即ち、対局思考を経て両極融合をめざす――。これは一円融合の思想と通じております。

日本人は東西文明を切り結ぶ可能性を秘めた民族です。

日本は立腰で立ち上がります。東西文明の融合を果たし、世界で立ち上がるためには、立腰こそが大切なのです。

「民族の将来は女性のあり方を見れば分かる」。森先生はそうおっしゃっていました。

そういう意味で近頃では女性が引き締まってきたな、と感じております。

電車に乗って見ておりますと、脚を組む女性が少なくなりました。若い女性の中には脚を組んでいる人もまだありますけれども、昔はもっとひどかったものです。森先生は電車に乗れば、脚を組む女性の数を勘定していました。当時に比べたらいまはかなり少なくなっている。だんだん女性が引き締まってきた証拠です。ですから日本もこれから良い方向に入っていくのでしょう。

女性は仕事もあり、子育てもあり、家庭でのあり方もある。女性にはいろいろな役割があります。それに対して男は仕事、これ一つ。安心して男性に働いてもらうために、家をおさめるのが女性のあり方であると、森先生はおっしゃっていました。女性は万能選手でなければいかん。それを女性自身が認識してほしい、そうおっしゃっていました。

男にとって働くということは、生き甲斐にほかなりません。家庭を養うということも大事でしょうが、男子としてこの世に生を受けた以上、仕事を通じて自らの役割を果たす。このことが生き甲斐に繋がります。

女性にとっては幸せが第一、男性は生き甲斐が第一ではないかと思うのです。

終生の師を持つ

〝人はすべからく　終生の師をもつべし。
真に卓越せる師をもつ人は　終生道を求めて歩きつづける。
その状あたかも　北斗星を望んで航行する船の如し。〟

『森信三　一日一語』

私は先生と出会った三十八歳から、先生が亡くなるまで二十七年間、その後二十三年、都合五十年、森先生を師と仰いでまいりました。

生前はよく叱られたものです。「食べ方が汚い」「履物の揃え方すら知らない」、みんながいる前で叱るものですから、それは堪えました。

先生は門下生に厳しかったものですから、先生の下にやって来た多くの人間はほどなくして離れていきました。私は気の利かない人間だから言われて当然だと思い、ずっとしがみついてきました。

あるとき先生はおっしゃいました。

「人は皆、外塀ののぞき窓から内を窺いみて容易に入ってこようとしないが、ご免くださいと言うや否や、奥座敷へ直線コースの最短距離でつかつかと上がって私の机の前に対坐したのは、あんただけや」

無礼千万とも、怖さ知らずともとれますが、私は比べる対象を持たなかったから直線コースで近づくことができたのでございましょう。私は、知はなく、徳なく、力なく、地位なく、ないないづくしであったから、失うものがなかったのです。とにかく最初にお目に掛かったときの大松監督に対する歴史的評価、それが大きかった。この人をおいてほかにないと心に決めるのに十分でした。

近づけば近づくほどに、厳しいことを言ってくださるのが本当の師匠です。その代わり、弟子たる者は師匠のケツの毛まで見届けなくてはならん。それほどの人間関係じゃなければなりません。

「あなたとは宿世の縁によって結ばれましたね」

あるとき森先生がこうおっしゃってくださいました。宿世の因縁。これほどありがたい言葉はございません。

森先生が尊敬する中江藤樹には了佐という弟子がいました。武士の子でありながらデキが悪く、中江藤樹に預けられるのですが、努力を積んでついに医者になり、医者として師の高名を世に広めました。私は森先生にとって了佐の役割をせねばならんと勝手に思って生きてまいりました。

本稿を通じて森信三先生に興味を抱き、著作に触れる方が一人でも増えたら、これに勝る喜びはございません。

老《ろう》に学ぶ

【今に生きる者たちへ　耆に学ぶ】

初　刷 ―― 二〇一六年五月三〇日
著　者 ―― 清水 克衛　執行 草舟　吉田 晋彩
西田 文郎　寺田 一清
発行者 ―― 斉藤隆幸
発行所 ―― エイチエス株式会社　HS Co., LTD.
064-0822
札幌市中央区北2条西20丁目1・12佐々木ビル
phone：011.792.7130　fax：011.613.3700
e-mail：info@hs-prj.jp　URL：www.hs-prj.jp
印刷・製本 ―― 中央精版印刷株式会社

ISBN978-4-903707-68-6